GUIDE
DANS LES
CIMETIÈRES
DE PARIS

Le cimetière du Père-Lachaise.

GUIDE

DANS LES

CIMETIÈRES

DE PARIS

CONTENANT

L'esquisse descriptive et topographique de ces lieux,
des notices biographiques sur les personnages illustres,
des aperçus artistiques sur les principaux monuments,
avec les plans des cimetières
du Père Lachaise, de Montmartre et du Montparnasse

PARIS
A. FAURE, ÉDITEUR
166, RUE DE RIVOLI, 166

1865

Tous droits réservés

AVIS IMPORTANT

Cet ouvrage sera augmenté, chaque année, des noms appartenant aux célébrités décédées et de notices sur les monuments qui leur seront élevés.

Les familles qui désireraient faire des communications, fournir des renseignements ou demander des rectifications, sont priées de s'adresser rue de Rivoli, 166, à M. Faure, éditeur.

PRÉFACE

Le souvenir des morts, en exaltant l'imagination des vivants, développe en eux les émotions les plus vives, et réveille en leur cœur le culte des tombeaux.

*
* *

La religion de la mort a eu dans tous les âges ses manifestations et ses coutumes :

Les Égyptiens gardaient chez eux les momies et les asseyaient à leurs festins;

Les Grecs brûlaient les corps pour en conserver la poussière dans des urnes (1);

---

(1) Voir sur l'emploi de ce mode et ses avantages le livre intéressant de M. Feydeau, directeur général des cimetières de Paris.

Les Calatiens les mangeaient afin de les faire revivre en eux ;

Les Romains les enterraient,

Ainsi faisons-nous.

*
* *

Les Romains plaçaient les tombeaux à l'entrée des villes, en les isolant les uns des autres, comme on le voit de nos jours, en arrivant à Pompéï.

Cette coutume fut abolie par l'empereur Léon ; alors vint l'usage d'enterrer dans les églises. Les catacombes de Rome furent la première église et le premier cimetière des chrétiens.

*
* *

La fureur d'enterrer dans les églises amena l'abus, et le pape Urbain IV eut à défendre l'église de Saint-Pierre, à Rome, contre l'envahissement des sépultures qui confondaient « les impies avec les personnes pieuses, les criminels avec les saints. »

De vastes enclos destinés aux sépultures furent établis près des églises ; on les appela cimetières.

***

Au XIIe siècle, sous le règne de Philippe-Auguste, fut ouvert à Paris le *Cimetière des Innocents*.

Situé sur l'emplacement actuel des halles, ce cimetière effrayant était entouré d'une enceinte de pierre.

Au milieu, s'élevait un large pilier supportant une lanterne.

Les hommes et les animaux erraient à leur gré dans cette enceinte de mort.

Une galerie voûtée, appelée *charnier*, pourtourait l'enclos, servant de lieu de sépulture aux familles riches, et de promenade aux Parisiens.

La partie parallèle à la rue de la Ferronnerie était décorée d'une fresque représentant la *Danse macabre*, ou Danse des morts ;

Dans un angle se dressait l'échafaud destiné aux prédicateurs. .

En 1720, par suite d'inhumations trop nombreuses, le sol s'y était élevé de huit pieds au-dessus du sol des habitations voisines.

En 1785, le cimetière et le charnier furent fermés.

***

Déjà Paris renfermait dans son enceinte dix-huit cimetières;

On les abandonna en 1789 pour en établir de plus vastes en dehors du mur d'octroi.

On compte actuellement à Paris trois grands cimetières :

Celui du Nord ou du *Montmartre*,

Celui du Sud ou de *Montparnasse*,

Et celui de l'Est ou du *Père-Lachaise* (le plus important).

* * *

Les cimetières ont perdu aujourd'hui la hideur d'autrefois.

Placés dans des sites pittoresques,

Convertis en jardins magnifiques,

Coupés par des allées ombreuses,

Ces lieux, *stations mélancoliques* posées entre les limites de deux mondes, loin d'inspirer de la frayeur, portent à l'âme une volupté sérieuse.

* * *

Des statues et des bustes ciselés par les grands maîtres,

Des bas-reliefs habilement fouillés,

Des médaillons rappelant des visages aimés, des coupes et des urnes élégantes dans leurs contours, complètent la magnificence des monuments (1).

Grâce à un meilleur goût et à la surveillance de l'administration (2), le style lapidaire, subissant une réforme nécessaire, a été purgé des exagérations enfantées par la douleur.

**

Mais l'œil se perd à travers ces champs parsemés de curiosités, et le corps se lasse dans des courses investigatrices.

Pour venir en aide au visiteur, nous avons songé à lui servir de guide, et nous avons entrepris le travail que nous lui offrons.

Travail immense, à peine tenté auparavant, et qui, pour être exact et complet, a exigé que nous visitions une à une des milliers de sépultures (3).

(1) Il se fabrique en moyenne chaque année à Paris pour 2 millions 700,000 francs de monuments (*Statistique de la Chambre de commerce de Paris*).

(2) Les cimetières, en France, sont la propriété de l'État ou des communes, tandis qu'en Angleterre ils appartiennent à des entreprises particulières.

(3) En 1820, on comptait dans le seul cimetière du Père-

***

L'esprit garni de souvenirs biographiques et les mains pleines de descriptions artistiques, nous nous sommes décidé à ne fournir que des notices très-courtes, afin de laisser au visiteur la liberté d'étendre ses impressions et de régler sa marche.

***

Plus réservé qu'un cicérone ordinaire, mieux renseigné surtout, le *Guide dans les Cimetières de Paris* obtiendra-t-il les sympathies et les encouragements du public?

Puisse-t-il au moins être considéré comme un hommage pieux rendu à la dépouille de ceux qui ont illustré leur siècle et leur pays, et aussi comme un ardent désir de mettre en saillie une des splendeurs du nouveau Paris.

Th. A.

Paris, 1865.

Lachaise 15,000 monuments, dont plus de 2,000 à perpétuité. On peut porter à 17,000 environ le chiffre actuel des mausolées.

RÈGLEMENTS

Les cimetières de Paris sont soumis à des règles particulières comprises dans l'ordonnance du 6 décembre 1843.

Pour le visiteur des cimetières les principales défenses sont :

— D'amener des chiens;
— D'entrer avec des paquets (il y a un bureau pour les déposer);
— De fumer dans les cimetières;
— De toucher aux fleurs.

Le Code pénal de 1810, article 358 et suivants, punit les infractions concernant les inhumations.

Moyens de transport.

Des omnibus portent les visiteurs auprès des cimetières. Ces omnibus sont indiqués en tête de chaque cimetière.

Entrée.

Les cimetières chrétiens sont tous les jours ouverts au public.

Les cimetières israélites et musulman sont fermés, les premiers, le samedi seulement, mais le second l'est d'habitude, et il faut une autorisation pour le visiter.

L'entrée est gratuite.

Heures d'ouverture.

De sept heures à six heures en hiver;
De six heures à sept heures en été.

CIMETIÈRE DE L'EST

(OU DU

PÈRE-LACHAISE

Situation. — A l'extrémité de la rue de la Roquette, sur le boulevard d'Aulnay, à 15 minutes de la Bastille.
Destination. — Ce cimetière est destiné aux III⁰, IV⁰, X⁰, XI⁰, XII⁰ et XX⁰ arrondissements. Il reçoit aussi les morts pour lesquels on achète des concessions perpétuelles de terrain.
Omnibus. — *Couleur jaune, lettre* **P**. — Ligne de la Madeleine à la Bastille, avec correspondance pour Charonne (omnibus partant tous les quarts d'heure.)

Londres a Kensall-green, Pise, le Campo santo, et Paris, le Père-Lachaise, qui vaut en splendeurs et richesses ses rivaux funèbres réunis.

Située sur le sommet le plus élevé des collines qui s'étendent de Belleville à Charonne, la grande cité des morts domine le faubourg Saint-Antoine. Nul site de la capitale n'offre un aspect plus pittoresque, aucun ne jouit de points de vue plus étendus, plus riches ni plus variés.

A droite, les colonnes de l'ancienne barrière du Trône; à gauche, le donjon de Vincennes; dans le lointain, les rives de la Marne et les bords de la Seine; et l'œil, planant sur un vaste horizon, tantôt entrevoit les flèches, les tours et les dômes qui hérissent la cité des vivants, tantôt se perd dans la campagne qui étincelle au soleil ou s'ensevelit dans un brumeux linceul.

De longues et majestueuses allées, des chemins sinueux, des arbres antiques, des bosquets jetés çà et là sur le haut du coteau, des monuments groupés en masse ou symétriquement rangés le long des allées, comme des maisons bordant les rues d'une ville, font oublier la destination du lieu.

Nulle émanation putride ne s'exhale de ce séjour, toujours embaumé, durant l'été, du parfum des plus douces fleurs.

Cet endroit porta d'abord le nom de *Champ l'Évêque*, parce qu'il appartenait à l'évêque de Paris.

Frappé de la beauté du site, un riche épicier y fit bâtir, en 1347, une maison de plaisance, superbe sans doute ou peut-être disproportionnée à la fortune du possesseur, car le peuple lui donna le nom de *Folie Regnaud* ou *Regnault*. Cependant l'enclos ne contenait que six arpents.

Les Jésuites de la maison professe en firent l'acquisition en 1626.

Ce fut, dit-on, de cet endroit que Louis XIV, enfant, vit le combat livré le 2 janvier 1652, dans le faubourg Saint-Antoine, au grand Condé, alors chef des Frondeurs, par le maréchal de Turenne, commandant l'armée royale.

Ce lieu, illustré par la présence du roi dans cette importante affaire, fut alors nommé *Mont-Louis*.

En l'an 1675, le roi Louis XIV, pour délasser de ses travaux son confesseur le père Lachaise, qu'il affectionnait *singulièrement*, voulut lui procurer une agréable retraite.

Par ordre, royal l'enclos de Mont-Louis fut agrandi, la maison reconstruite, on l'éleva de deux étages; sa façade, tournée vers Paris, fut établie sur une terrasse à laquelle on parvenait en traversant un parterre rafraîchi par des bassins et orné d'arbrisseaux, dont les fleurs embaumaient l'air, en réjouissant la vue de Sa Révérence.

Au bas était une orangerie.

De son habitation élevée, le père jésuite, qui avait joint au fardeau de la conscience royale le poids de la direction des affaires ecclésiastiques, promenait son regard sur la capitale, qu'il dominait par son royal pénitent.

Mont-Louis devint le rendez-vous des personnages les plus élevés de la cour et de la ville; on y accourait pour solliciter la faveur du révérend père confesseur, ou détourner les dangereux effets de sa disgrâce.

Après la mort du père Lachaise, Mont-Louis devint la maison de campagne des pères Jésuites.

Lorsque fut expulsée de France la puissante compagnie, Mont-Louis fut vendu par décret du 31 août 1763.

Plusieurs propriétaires se succédèrent rapidement dans ce domaine tout de luxe, dont la dépense, près de Paris, suffisait seule pour ébranler les fortunes les plus considérables.

En 1804, ce domaine, qui avait conservé le nom du père Lachaise, fut acheté 160,000 francs par M. le préfet du département de la Seine, et conformément à un décret de l'empereur Napoléon Ier, converti en un cimetière.

M. Brongniart, architecte célèbre, fut chargé d'approprier ce lieu à sa destination nouvelle.

Forcé de détruire beaucoup, son habile crayon sut conserver ou créer tout ce qui pouvait contribuer à rendre plus magnifique cet asile mortuaire.

D'après les plans, une pyramide colossale servant, dans les distributions de son énorme base, aux cérémonies de tous les cultes chrétiens, devait remplacer la maison du révérend père (1).

Les travaux de Brongniart allèrent si vite que, le 21 mai de la même année, les restes mortels de Molière, de Lafontaine et de Beaumarchais furent transportés dans le cimetière.

(1) Ce monument, qui n'a pas été exécuté, a été remplacé par une chapelle funéraire, d'après les dessins de M. Godde; la caisse municipale en fit les frais en partie, le surplus fut couvert par le legs considérable de la veuve du docteur Bosquillon.

L'entrée, qui date de 1820 (1), forme un hémicycle décoré de sabliers et de torches renversées.

A droite et à gauche, on lit les inscriptions suivantes :

SPES ILLORUM IMMORTALITATE PLENA EST
(*Sapient.*, III, IV.)

QUI CREDIT IN ME ETIAMSI MORTUUS FUERIT VIVET
(Jean, XI.)

Et sur les battants de la porte :

SCIO QUOD REDEMPTOR MEUS VIVIT
ET IN NOVISSIMO DIE DE TERRA SURRECTURUS SUM
(Job., XIX.)

A l'entrée, à droite, se trouvent *le corps de garde* et *le pavillon des conducteurs*; à gauche, *la loge du concierge*.

Plus loin, sur la droite, encore dans l'avenue du Conservateur, *les bureaux du conservateur*.

Plus haut enfin, faisant angle à l'avenue de l'Orangerie et à l'avenue du Puits, *l'habitation des gardes*.

Le cimetière comprend trois divisions principales formant chacune un cimetière distinct :

Le cimetière des chrétiens,

Celui des israélites,

Et le cimetière musulman.

La partie consacrée aux chrétiens embrasse la pres-

---

(1) On entrait, avant cette époque, par la porte située près du cimetière israélite.

que totalité des terrains et est occupée par trois genres de sépultures :

1º Les sépultures à perpétuité,

2º Les fosses temporaires,

3º Les fosses communes placées dans la région septentrionale du cimetière, et dans lesquelles les indigents sont gratuitement inhumés.

Quinze grandes avenues sillonnent le sol.

La chapelle, au-dessous de laquelle passe une avenue et le grand carrefour du Rond, sont les deux points auxquels aboutissent la plupart des avenues.

Nomenclature.

De l'entrée à l'avenue de la Chapelle.

1º Avenue principale : part de l'entrée, forme bientôt deux sentiers, lesquels entourent une immense corbeille, longent un massif nouvellement tracé et aboutissent, par une pente ardue, à l'avenue de la Chapelle. Cette voie divise naturellement la partie basse du cimetière en deux côtés : celui de droite et celui de gauche.

Côté droit.

2º Avenue du Conservateur : parallèle à l'avenue principale.

3º Avenue du Puits : transversale par rapport à l'avenue principale, fait face à l'avenue Dufourmantel usqu'a l'avenue Périer.

4° Avenue Casimir Périer : de l'avenue du Puits au carrefour du Rond.

5° Avenue de l'Orangerie : allant de l'avenue du Conservateur à l'avenue de la Chapelle, par des séries d'escaliers.

Côté gauche.

6° Avenue Thirion : parallèle à l'avenue principale; va du côté gauche de l'entrée à l'avenue Dufourmantel.

7° Avenue Dufourmantel : transversale par rapport à l'avenue principale, allant de l'avenue principale à l'avenue circulaire.

8° Avenue circulaire : suite de l'avenue Dufourmantel à l'avenue de la Chapelle, extrémité gauche.

9° Avenue Bruix : continuation de l'avenue Thirion, arrivant à l'avenue de la Chapelle par des séries d'escaliers.

10° Avenue de la Chapelle : s'étend à droite jusqu'au grand carrefour du Rond, à gauche jusqu'à l'avenue circulaire.

De l'avenue de la Chapelle à la grande avenue transversale des Marronniers, limite supérieure de la partie de cimetière consacrée aux concessions perpétuelles.

Côté droit.

11° Avenue Saint-Maurice, en face l'avenue de

l'Orangerie : de l'avenue de la Chapelle à l'avenue des Marronniers.

12° Avenue des Acacias : du carrefour du Grand-Rond à l'avenue des Marronniers.

13° Avenue Delavigne : de l'avenue circulaire à l'avenue transversale.

14° Avenue Feuillant, en face l'avenue Bruix : de l'avenue de la Chapelle à l'avenue des Marronniers.

Enfin,

15° Avenue transversale des Marronniers.

Cette avenue montre dans le haut toute la largeur du cimetière.

Massifs.

Le cimetière contient, en y comprenant les enclos des israélites et des musulmans, *quatre-vingt-onze massifs*.

Soixante-deux renferment les monuments qui figurent dans le Guide.

Afin de donner au visiteur le moyen de se reconnaître promptement au milieu des divisions nombreuses qui couvrent le plan général du cimetière, nous avons partagé ce plan en cinq grandes divisions, limitées chacune par les avenues principales, dont les arbres les plus élevés indiquent les contours(1).

---

(1) Ces arbres forment, autour du visiteur et au-dessus de sa tête, des barrières naturelles que l'œil doit consulter souvent.

Première division. — Est comprise dans la partie droite du cimetière entre le mur de clôture et les avenues Principale, du Puits, Casimir-Périer, le carrefour du Grand-Rond et l'avenue des Acacias.

14 massifs : 1, 2, 3, 4, 5, 6, 7, 8, 9, 10, 11, 12, 13, 14.

Deuxième division. — Placée entre l'avenue de la Chapelle, le carrefour du Grand-Rond et les avenues des Acacias, des Marronniers et Feuillants.

24 massifs : 15, 16, 17, 18, 19, 20, 21, 22, 23, 24, 25, 26, 27, 28, 29, 30, 31, 32, 33, 34, 35; 36, 37, 38.

Troisième division. — Enclavée dans :

Au nord, l'avenue des Marronniers;

Au sud, l'avenue de la Chapelle;

A l'ouest, les massifs qui atteignent l'avenue circulaire ;

A l'est, l'avenue Feuillant.

8 massifs : 39, 40, 41, 42, 43, 44, 45, 46.

Quatrième division. — Limitée par :

Au nord, la Chapelle;

A l'ouest, le massif nouveau du dessus de la chapelle;

Au sud, l'avenue du Puits;

A l'est, l'avenue Casimir-Périer.

9 massifs : 47, 48, 49, 50, 51, 52, 53, 54, 55.

Cinquième division. — Est bornée :

Au nord, par l'avenue de la Chapelle;

A l'est, par le massif de la Chapelle et l'avenue Principale;

Au sud, par le boulevard d'Aulnay;

A l'ouest, par l'avenue Circulaire et le mur d'enceinte.

5 massifs : 56, 57, 58, 59, 60.

Sépultures.

Le premier corps enterré dans les fosses communes fut celui du porte-sonnette de l'un des commissaires de police du faubourg Saint-Antoine; il y fut apporté le 21 mai 1804, jour de la translation, dans le cimetière, des ossements de Molière, Lafontaine et de Beaumarchais.

Le premier monument de marbre, érigé dans ce même lieu, fut celui de M. Lenoir-Dufresne, placé au pied de la terrasse, vers la gauche, où on le voit encore;

Et le premier monument de pierre, celui de la dame Frémont; c'était une pyramide triangulaire de douze pieds d'élévation.

CIMETIÈRE CHRÉTIEN.

PREMIÈRE DIVISION.

Allée du Conservateur.

Tardieu. m. 1.

Graveur de talent, membre de l'Institut de France.

Signification des signes employés :
m. massif.
r. rang.
c. d. côté droit.
c. g. côté gauche.

Lenormand.

1772 — 1844.

Cartomancienne, auteur d'un ouvrage où elle expose les résultats merveilleux de son art. Eut une grande vogue sous le premier empire.

Chapelle ornée à l'intérieur du buste de mademoiselle Lenormand.

CIMETIÈRE ISRAÉLITE.

Avenue du Puits (côté droit).

A droite en entrant.

Rachel.

1820 — 1858.

Admirable tragédienne. Fut pendant dix-sept ans la gloire du Théâtre-Français, et opéra par son talent une réaction littéraire en faisant refleurir dans toute leur beauté les vieux chefs-d'œuvre de notre scène, si rudement traitée par l'école romantique.

Monument en forme de chapelle, garni à l'intérieur d'une tablette sur laquelle figurent des objets autrefois chéris par la grande artiste

A gauche.

Rothschild.

Sépulture de famille.

Monument dans le même style que celui de mademoiselle Rachel, mais dans des proportions plus grandioses.

A l'intérieur et au centre, sur la pierre du caveau, repose une corbeille contenant des fleurs rares; dans un coin, une chaise basse attend le visiteur qui viendra réfléchir dans ce logis des morts. Une tablette destinée à porter des livres de prières; des tentures disposées pour amortir la clarté du dehors achèvent cet ameublement de circonstance.

A gauche encore.

Roblès (Jacob).

Monument original, orné au fronton d'une tête qui grimace sous l'étreinte de la mort. Les lèvres sont closes par un doigt qui commande le silence.

Au fond.

Singer.

Sépulture de famille. Monument de forme élégante.

Madame **Fould**.

Décédée en 1818.

1,500 pauvres suivirent son cercueil.

Vaste mausolée, orné au sommet d'un médaillon contenant le visage en relief de cette dame charitable.

Bercheim Allegri.

Obélisque antique décoré d'étoiles d'or.

En sortant du cimetière israélite.

REPRISE DU CIMETIÈRE CHRÉTIEN.

Didot Firmin (le père). m. 4.

Grand éditeur.

Reicha (Antoine-Joseph). m. 4.

Prague, 25 fév. 1770 — Paris, 28 mai 1836.

Professeur de contre-point au conservatoire de Musique, membre de l'Institut.

Bas-relief.

De Colbert (Charles). m. 5.

24 décembre 1878 — 2 février 1802.

Contre-amiral.

Épitaphe :

« Honnêtes gens, priez pour lui. »

Héloïse et Abeilard. m. 4.

Héloïse, nièce du chanoine Fulbert, fut l'élève et l'amante d'Abeilard, qui la rendit mère d'un fils et l'épousa.

Après le terrible attentat de son oncle sur son mari, elle se fit religieuse au couvent d'Argenteuil et fonda ensuite celui du Paraclet, dont elle fut la première abbesse.

Les deux époux, séparés par la religion, s'écrivirent tendrement. Les lettres d'Héloïse sont des chefs-d'œuvre où respire tout ce que l'éloquence du cœur peut avoir de plus passionné. 1101 — 1104.

Abeilard, une des plus vastes intelligences du moyen âge, devenu encore plus célèbre par sa passion pour Héloïse et par son malheur que par ses talents.

Né en 1070, au Palet, près Nantes, mort à l'abbaye de Cluny, en 1142.

Chapelle gothique dont l'élégance antique semble appartenir au meilleur temps de l'architecture arabe en France. Monument érigé en 1779 à l'abbaye du Paraclet, transféré au musée des Petits-Augustins pendant la Révolution, et porté au Père-Lachaise en 1819.

Le dais, de style ogival, qui couvre les statues couchées des deux amants, a été construit sous la direction de M. Lenoir, architecte, avec des débris de sculpture de l'ancienne abbaye de Nogent-sur-Seine.

Lepaute, m. 5.
1770—1846.

Horloger et mécanicien distingué.

Marjolin (Jean-Nicolas). m. 5.
6 déc. 1780 — 4 mars 1850.

Docteur, professeur de la Faculté de médecine de Paris, chirurgien de l'Hôtel-Dieu, membre de l'Académie de médecine.

Chapelle fort simple.

Serré (Louis). m. 6.

Capitaine de cavalerie.

Monument d'un goût équivoque.

Dumont (Laurent). m. 7.
Déc. 4 oct. 1853.

Membre de l'Institut, secrétaire perpétuel de l'Académie des beaux-arts.

Maison. m. 7.

Épinay, 1771 — Paris, 1840.

Général de division et comte de l'Empire en 1812, pair et marquis de la Restauration, reçut le bâton de maréchal en 1829, après son expédition de Morée, et devint sous Louis-Philippe ambassadeur, puis ministre de la guerre.

Fresnel (A. Jean). m. 6.

Broglie, 1788 — Paris, 1827.

Physicien célèbre, inventeur des phares lenticulaires, membre de l'Institut.

Mérimée (François-Léonore).

25 déc. 1836. — 79 années.

Peintre d'histoire.

Delvincourt. m. 6.

Ancien doyen de la Faculté de droit de Paris, auteur d'ouvrages estimés.

De Visconti (chevalier). m. 6.

Savant antiquaire romain.

Lauriston (marquis Law de). m. 6.

1768 — 1828.

Général et ambassadeur sous l'Empire, pair et maréchal sous la Restauration.

Le Brun, duc de Plaisance. m. 7.

1739 — 1824.

Secrétaire du chancelier Maupeou, membre de la Constituante, du conseil des Cinq-Cents, troisième consul de la République, duc et architrésorier de l'Empire, grand maître de l'Université dans les Cent-Jours, pair de France avant et après cette époque, déploya dans tous ces emplois de grands talents administratifs; ils se distingua dans les lettres par ses traductions de l'*Iliade*, de l'*Odyssée* et de la *Jérusalem délivrée*.

Monument placé à la tête d'un beau parterre et élevé par la ville de Paris aux soldats et aux gardes nationaux tués dans l'insurrection de juin 1832. m. 6.

Gambey. m. 8.

Troyes, 8 oct. 1789 — 27 janv. 1847.

Membre de l'Institut et du bureau des longitudes.

Desbassayns (baron). m. 8.

Mausolée de marbre blanc.
Une femme accroupie auprès d'une colonne surmontée d'une urne funéraire (*de Ricci, de Florence*).

—

Amussat. m. 9.

Décédé 13 mai 1856.

Membre de l'Académie impériale de médecine.
Grande pyramide de pierre grise, décorée d'un médaillon de bronze.

—

Laya. m. 9.

1761 — 1833.

Littérateur et auteur dramatique, membre de l'Acad. franç., fit preuve d'un noble courage en faisant jouer, quelques jours avant le jugement de Louis XVI, la comédie de l'*Ami des lois*, où il attaquait les iniquités de l'époque.

—

Beugnot (le comte). m. 9.

1761 — 1835.

Conseiller d'État sous l'Empire, ministre et pair sous la Restauration.

Hersent. m. 10.

10 mars 1777 — 2 oct. 1860.

Membre de l'Institut, professeur à l'École impériale des beaux-arts.

Beau mausolée de marbre blanc, richement orné de deux médaillons rappelant les traits d'Hersent et de sa femme. Deux grands bas-reliefs, reproduisent la copie de deux compositions du maître : *Las-Cases malade, soigné par des sauvages*, exposition de 1808, et *Ruth et Booz*, exposition de 1822.

Portes (marquis de). m. 9.

Toulouse, 22 janv. 1790 — 22 déc. 1852.

Sénateur, membre du conseil général de l'Ariége, ancien pair de France, ancien conseiller d'État, ancien député.

De Beauvoir Roger. m. 13.

Sépulture de famille.

Jeune fille âgée de 15 ans.

> Des méchants la mort te délivre,
> Dans sa splendeur Dieu te reçoit ;
> Tu ne meurs pas : tu vas revivre
> Pour tout le bonheur qu'il te doit.
>
> ROGER DE BEAUVOIR.

Hoche (veuve de). m. 13.

Général des armées françaises.

Morte le 10 mai 1859, après 62 ans de veuvage.

Mounier. m. 13.

Membre de l'Assemblée constituante; caractère d'une grande honnêteté.

La Bédoyère (Huchet de), m. 13.
1786—1815

Fut le premier colonel qui conduisit son régiment à Napoléon revenant de l'île d'Elbe, obtint le grade de général et la pairie dans les Cent-Jours, et périt fusillé comme coupable de trahison à la deuxième rentrée des Bourbons.

Bas-relief de marbre blanc très-finement sculpté, représentant une femme agenouillée près de laquelle est un enfant qui essaie de la consoler. Sur le dernier plan, une urne funéraire, à côté une épée, un bouclier et une couronne.

Poirson. m. 13.

Décédé 15 oct. 1846.

Membre de l'Académie royale de médecine.

Bail (sépulture.) m. 13.

Magnifique statue de femme accoudée sur un mausolée.

Couchery (Victor). m. 13.

Décédé 20 nov. 1855 — 65 années.

Sculpteur.
Beau médaillon de bronze de Faillot.

A droite.

De Marson (comte d'Eu). m. 14.

Arrigny, 5 janv. 1777 — 12 déc. 1848.

Colonel d'infanterie.

Parent du Chatelet. m. 14.

Décédé 7 mars 1836 — 45 ans.

Docteur en médecine, membre du conseil de salubrité de Paris.

Victor (Perrin dit), duc de Bellune. m. 14.

Lamarche, 1766 — 1841.

Maréchal de l'Empire, se signala au siége de Toulon, en Italie et en Allemagne, reçut ses dignités après la bataille de Friedland (1807), détruisit en Espagne l'armée de l'Infantado, prit une part glorieuse à l'expédition de Russie et à la campagne de France, se rallia aux Bourbons, les suivit à Gand, et devint ministre de la guerre en 1821.

Monument élevé, mais sans caractère.

Côté opposé.

Foulon, baron de Doué. m.

Décédé 11 nov. 1839 — 81 ans.

Maréchal de camp des armées françaises.

Bourbon Conti (princesse de), Stéphanie-Louise. m. 14.

Sépulture préparée par elle-même !

« *Pour y trouver le bonheur durable et un refuge où l'injustice et les persécutions que l'on éprouve sur la terre ne puissent plus l'atteindre.* »

Petite pyramide brunie par le temps.

Mercœur (Élisa). m. 14.

Jeune fille et poëte ! tombeau chargé de vers, entre autres ceux-ci :

Mon cœur ressemble au ciel, lorsqu'il est sans nuage,
Il n'a pas un remords.

Sur l'allée des Acacias.

Clarke (duc de Feltre). m. 14.

Sépulture de famille.

Agasse. m. 14.

Imprimeur-libraire, propriétaire du *Moniteur*.

Périer (Casimir).
1777—1832.

Homme d'État d'un grand caractère, président du conseil sous Louis-Philippe. Il mourut dans la deuxième année de son ministère, signalé par une expédition contre don Miguel, par la prise d'Anvers et par l'occupation d'Ancône, malgré l'opposition des cabinets étrangers.

Superbe monument dont les frais furent couverts par une souscription nationale; trois côtés sont ornés de bas-reliefs représentant l'Éloquence, la Justice et la Force; au-dessus repose la statue en pied de Casimir Périer, dont la main gauche est posée sur la charte de 1830; le quatrième côté porte cette inscription :

« *La ville de Paris, pour consacrer la mémoire d'un deuil général, a donné à perpétuité la terre où repose un grand citoyen.* »

(Architecte, Ach. Leclerc; statuaire, M. Cortot.)

Talleyrand-Périgord (de). m. 11.

Famille et duchesse de Beauvilliers.

Sépulture de famille.

Pierres tumulaires de marbre noir à peine au-dessus du sol.

Biré (de). m. 11.

Sépulture de famille.

Chapelle dans laquelle on aperçoit la résurrection du Christ. — Belle œuvre taillée dans un marbre éclatant de blancheur.

Lavalette (Chamans, comte de). m. 11.
1760 — 1830.

Conseiller d'État et directeur général des postes sous l'Empire; condamné à mort après les Cent-Jours, il s'évada de sa prison sous les habits de sa femme restée à sa place, et fut conduit en Belgique par trois officiers anglais.

Magnifique mausolée nouvellement restauré, décoré d'un buste de bronze et d'un bas-relief représentant la scène de la prison et le dévouement de sa femme.

Odillon-Barrot. m. 12.

Sépulture de famille.

Fleury (de Chamboulon). m. 12.

Secrétaire de l'empereur Napoléon Ier; conseiller d'État, député de la Meurthe.

« *Il était plein de feu et de mérite.* »

(NAPOLÉON à Sainte-Hélène.)

Schickler. m. 12.

Sépulture de famille.

Belle chapelle. — Deux statues voilées soutiennent le fronton.

—

Au-dessous de ce monument, dans le creux et l'espace approchant le mur.

Arcet (d'). m. 5.

Décédé le 2 août 1844.

Joli buste de bronze.

—

Chapuis (Claude). m. 5.

Décédé 19 juillet 1859.

Engagé volontaire. — Officier général.

Buste en marbre blanc de Dieudonné.

—

En remontant près la chapelle Schickler, massif 12.

Rigny (comte de). m. 12.

Toul, 1783 — Paris, 1835.

Vice-amiral, commanda l'escadre française à Navarin et devint, sous Louis-Philippe, ministre de la marine et ministre des relations extérieures.

Bruix (de), amiral. m. 12.

Saint-Domingue, 1759 — Paris, 1805.

Se distingua dans la campagne d'Amérique; devint, en 1794, major général de la marine à Brest, d'où il sortit glorieusement avec ses vaisseaux, malgré le blocus des Anglais; fut ministre, et mourut commandant en chef de la flottille réunie à Boulogne pour la descente en Angleterre.

—

DEUXIÈME DIVISION.

(Région des gloires du premier empire).

—

Belliard (Auguste, comte). m. 29.
1769 — 1832.

Lieutenant général, pair de France.

—

Pajol (comte). m. 29.
1772 — 1844.

Un des plus brillants généraux de cavalerie de l'Empire, commanda la division de Paris sous les Bourbons et passa à Napoléon dans les Cent-Jours, après lesquels il resta sans emploi jusqu'en 1830. — La révolution de Juillet, dont il fut un des héros, le fit rappeler à son ancien commandement par Louis-Philippe qu le nomma pair de France.

Estampes (marquis d'). m. 29.

Sépulture de famille.
Belles armoiries admirablement gravées dans la pierre.

Boissy-d'Anglas (comte). m. 29.
Décédé 12 octobre 1850.

Ancien pair de France, fils du président à la Convention qui sauva cette assemblée le 1er prairial an III.

Dalmatie (marquise de). m. 29.

Belle chapelle d'une architecture élégante.

Rovigo (duc de). m. 29.
Décédé 2 juin 1833.

Suivit l'empereur Napoléon Ier sur le *Bellorophon* l'Angleterre l'empêcha d'aller à Sainte-Hélène. — La duchesse de Rovigo est près de lui.

Gérando (Joseph-Marie, baron de). m. 29.
Lyon, 29 fév. 1772 — Paris, 10 nov. 1842.

Pair de France, conseiller d'État, membre de l'Institut, professeur à la Faculté de droit de Paris.

Chaptal. m. 29.

Nogaret (Gévaudan), 1756 — 1832.

Chimiste et homme d'État, propagea l'étude de la chimie et son application aux arts et à l'agriculture, fut ministre de l'intérieur sous le Consulat, sénateur et comte de Chanteloup sous l'Empire, pair de France sous la Restauration.

Houtou de la Billardière. m. 29.

Décédé 8 janv. 1834.

Voyageur naturaliste, membre de l'Institut.

Vaudemont (de). m. 29.

Nièce du duc de Lorraine, mariée à Reims le 14 fév. 1575 à Henri III, roi de France et de Pologne. Elle fut déposée dans ce mausolée par les soins du préfet de la Seine, après que son cercueil, sur lequel était gravé son nom, eut été trouvé par des ouvriers qui démolissaient l'église des Capucines fondée par elle. Depuis, ses restes ont été de nouveau transportés dans l'ancienne église de l'abbaye de Saint-Denis, où ils sont aujourd'hui.

Dans le tombeau du père Lachaise repose maintenant :

Rouillé du Coudras. m. 29.

Lieutenant général qui fit des prodiges de valeur à Fontenoy, sous les yeux du maréchal de Saxe.

Scribe (Eugène). m. 29.

Écrivain spirituel, auteur de comédies et de pièces de théâtre.

Magnifique monument.

Une pyramide de marbre blanc, ornée d'un riche médaillon, repose sur un socle; un bas-relief, dans lequel des masques, un chalumeau et une plume sont posés en sautoir au-dessus de cette devise : « *Inde fortuna, libertas,* » garnit le socle. Ce monument est de Paul Lebègue.

—

Abbadie (baron d'). m. 29.

Lieutenant général.

Grande pyramide de pierre surmontée d'un trophée d'armes en bronze.

—

Reprise de l'allée des Acacias. — Côté droit en descendant.

Fontane. m. 15.

Déc. 1833.

Lieutenant général.

—

Dupuytren (Pierre Buffière, le baron). m. 15.

1778 — 1835.

Grand anatomiste, surpassa comme chirurgien tous ses prédécesseurs, dont il perfectionna les travaux;

acquit une fortune immense, offrit à Charles X, partant pour l'exil, un million que ce monarque refusa, et légua, en mourant, pour la fondation d'une chaire d'anatomie pathologique, une somme dont l'excédant permit de créer un musée d'anatomie nommé le *musée Dupuytren*.

Frochot. m. 15.

Ancien préfet de la Seine, sous l'administration duquel fut établi et ouvert le cimetière du Père-Lachaise.

Bas-reliefs très-riches et très-beaux de *Raggi*.

Macdonald, duc de Tarente. m. 15.
Sedan, 1765 — 1841.

S'illustra sous la République par la conquête de la Calabre, tomba en disgrâce sous le Consulat comme partisan et ami de Moreau, eut un commandement en 1809, gagna sur le champ de bataille de Wagram le bâton de maréchal, auquel fut joint le diplôme de duc, ajouta à sa gloire dans les campagnes suivantes jusqu'en 1814. Il fut envoyé alors par Napoléon auprès des souverains alliés pour défendre les droits du roi de Rome, refusa de servir dans les Cent-Jours, se chargea du licenciement de l'armée de la Loire, et devint grand chancelier de la Légion d'honneur.

La duchesse sa femme est près de lui.

Gouvion Saint-Cyr. m. 15.

Toul, 1764, m. en 1830.

Général en chef sous la République, fut mis de côté sous l'Empire jusqu'en 1809, où il obtint le commandement d'une armée en Catalogne, fit ensuite partie de l'expédition de Russie, gagna la bataille de Polotsk qui lui valut le bâton de maréchal, capitula à Dresde avec 40,000 hommes, resta prisonnier malgré le traité, rentra en France en 1814 et devint ministre de la guerre en 1815 et en 1821.

Belle statue de marbre blanc de David d'Angers.

Martin du Nord. m. 15.

Décédé 18 mars 1847.

Ministre de la justice et des cultes sous Louis-Philippe.

Lemercier (Népomucène), m. 15.

1771 — 1840.

Célèbre littérateur et auteur dramatique, membre de l'Académie française, fut un des hommes les plus honorables de son époque par son talent et par la noblesse de son caractère.

Pinto, Plaute, Richelieu, Christophe Colomb.

Médaillon sculpté dans une pyramide de marbre blanc.

Sieyès (l'abbé). m. 15.

Fréjus 1748—1836.

Célèbre par sa brochure sur le Tiers-État, fut constituant, vota la mort de Louis XVI *sans phrase*, se tint dans l'obscurité pendant la Terreur; reparut sous le Directoire, en fit partie, et dépité de ne pouvoir faire adopter ses théories politiques, s'entendit avec le général Bonaparte dont il prépara le coup d'État. Ne trouvant pas celui-ci aussi docile qu'il l'avait cru, il s'en consola par les dignités et les dotations qu'il reçut; exilé en 1815, il rentra en 1830 et ne conserva de ses places que celle de membre de l'Institut.

Nivière (de). m. 15.

Sépulture de famille dans laquelle repose :

Siméon (comte de).

Décédé le 19 juin 1842.

Pair de France, ancien ministre, membre de l'Institut, premier président de la Cour des comptes.

Duchesnois (Mlle). m. 15.

Saint-Saulves, 1777 — 1835.

Tragédienne française dont on disait qu'elle avait des *larmes dans la voix*, à cause des inflexions pleines de sensibilité que cette voix savait prendre.

Monument érigé avec le concours du roi, de la famille royale, des théâtres français et aussi avec les souscriptions de la ville de Paris et des autres villes de France.

Bas-relief de Lemaire.

Lanjuinais (comte). m. 15.

Rennes, 1753—1827.

Publiciste, philologue, membre de l'Académie des inscriptions, fit tour à tour partie de la Constituante, de la Convention, du conseil des Anciens, du Sénat et de la chambre des Pairs, et s'illustra dans toutes ces assemblées par sa fermeté courageuse à défendre les principes de la justice, de l'ordre et de la liberté. L'estime dont ce grand citoyen jouissait le fit élire au conseil des Anciens par 73 départements à la fois.

Roy (comte). m. 15.

1765 — 1827.

Avocat et très-riche propriétaire, devint, sous la Restauration, ministre des finances et pair.

Dosne et Thiers. m. 15.

Sépulture de famille.

Laffitte. m. 15.

Sépulture de la famille de Jacques.

Célèbre banquier, ruiné par la révolution de Juillet, à laquelle il eut une part très-active. Il devint ministre des finances sous Louis-Philippe. Une souscription nationale lui conserva son hôtel, que le mauvais état de ses affaires le forçait à vendre.

Kellermann. m. 15.
Strasbourg, 1735 — 1820.

Maréchal de camp avant la Révolution, fut mis à la tête de l'armée de la Moselle en 1792, battit les Prussiens de concert avec Dumouriez, sous les ordres duquel il était placé, et reçut de Napoléon, en 1804, le bâton de maréchal avec le titre de duc de Valmy, en mémoire de la part glorieuse qu'il avait eue à la victoire de ce nom.

Kellermann (Etienne). m. 15.
Metz, 1770—1835.

Général de division, fils du précédent, inaugura sa gloire militaire à Marengo par de brillantes charges de cavalerie qui influèrent sur le succès de cette journée, et fit ensuite avec distinction les campagnes de l'Empire.

Grand bas-relief.

Escalier conduisant au monument de la princesse Demidoff. m. 15.

Rosily (comte de). m. 15.

Décédé 11 novembre 1832 (85 années).

Amiral, servit sous les ordres de M. le bailli de Suffren.

Pyramide de marbre blanc décorée d'armes et d'ustensiles de marine.

Andrieux. m. 15.

Strasbourg, 1759 — 1833.

Littérateur et poëte comique, membre de l'Académie française.

Champollion le Jeune. m. 15.

Habile dans l'art d'expliquer et de rendre la langue perdue des hiéroglyphes.

Obélisque de pierre.

Fourier (le baron). m. 15.

Auxerre, 1768 — mort en 1830.

Fit partie de la commission d'Égypte, fut préfet sous le Consulat et sous l'Empire, secrétaire perpétuel de l'Académie des sciences et membre de l'Académie française.

Auteur de la *théorie analytique de la chaleur*.

Monument orné d'un buste.

Portion du Rond-Point.

Raspail (Mme). m. 16.

Femme du chimiste distingué de ce nom qui s'est fait une popularité immense par une thérapeutique qui lui appartient.

Monument des plus visités.

Une femme de haute taille, entièrement enveloppée d'un linceul, appuie sa main aux grilles d'une prison.

Ce bas-relief, de marbre blanc et d'une composition hardie, est l'œuvre d'Etex.

Gall. m. 15.

1758 — 1828.

Médecin allemand, naturalisé Français, grand anatomiste, inventeur de la phrénologie.

Buste de marbre blanc.

Crussol d'Uzès (bailli de). m. 15.

Déc. 7 décembre 1815.

Lieutenant général des armées de France, pair de France.

Grand cénotaphe chargé de bas-reliefs allégoriques.

Pinel. m. 15.

Déc. 17 déc. 1859.

Aliéniste remarquable.

Buste de pierre entièrement dégradé.

Percy (baron). m. 15.

Chirurgien militaire, membre de l'Institut.
Obélisque de marbre blanc.

Monge (Gaspard). m. 15.

Beaune, 1746—1813.

Savant géomètre et physicien, de l'Académie des sciences, employa son talent pendant la Révolution à fabriquer de la poudre pour les armées, fut un des fondateurs de l'Ecole polytechnique, suivit Bonaparte en Egypte, devint sénateur et comte de Péluse sous l'Empire, dont la chute lui fit perdre toutes ses places, même celle de l'Institut.

Monument en forme de temple orné de colonnes.
Le buste de Monge repose sur un piédestal.

Malet (comte de). m. 15

Déc. 6 mai 1824.

Maréchal de camp.

Monument surmonté d'une grande statue de la Vierge, en pierre peinte.

Contat (Louise). m. 15.
1760—1818.

Charmante comédienne du Théâtre-Français.

Chappe (Claude). m. 16.
Brulon, 1763—1806.

Inventeur du télégraphe à ailes mobiles, dont la première expérience se fit en juillet 1793.

Massif de roches surmontées d'un télégraphe en fer.

Lobau (comtesse de). m. 16.

Femme du maréchal Lobau, ancien commandant en chef des gardes nationales de la Seine.

Chapelle décorée au fronton des armoiries du maréchal.

Dulong. m. 16.
Tué le 30 janv. 1834.

Député.

Constant (Benjamin). m. 16.
Lausanne, 1767—1830.

Fit partie du Tribunat après le 18 brumaire, en fut éliminé et obligé de se retirer à l'étranger, rentra en

1814, se rallia dans les Cent-Jours à l'empereur qui lui confia la rédaction de l'*Acte additionnel*, devint un des chefs de l'opposition à la chambre des Députés, sous la Restauration, obtint, à la révolution de 1830, la présidence du conseil d'État.

Il s'est classé parmi les publicistes éminents par ses ouvrages politiques, et parmi les bons peintres du cœur humain par son roman d'*Adolphe* qui est, dit-on, une autographie.

Monument des plus simples avec cette inscription :

« *Il se repose de ses longs travaux.*
Ses œuvres lui survivront. »

Merlin de Thionville. m. 16.
1762—1833.

Membre de la Législative et de la Convention, se signala parmi les montagnards par son ardent républicanisme, contribua au 9 thermidor, vota contre le consulat à vie, fut destitué de ses emplois, et resta dès lors éloigné des affaires publiques.

Pierre tumulaire.

Dacier (le baron). m. 16.
Valognes, 1742—1833.

Secrétaire perpétuel de l'Académie des inscriptions, dont il a continué l'histoire, et membre de l'Académie française.

Caulaincourt (Louis de). m. 15.
1773—1827.

Grand écuyer sous l'Empire, général, duc de Vicence, ambassadeur en Russie, chargé de négocier la paix avec les puissances alliées et ministre des affaires extérieures dans les Cent-Jours; toujours fidèle à Napoléon, il n'accepta aucun emploi sous les Bourbons.

Gobert (le baron). m. 15.

Général de l'Empire, tué à Mengibar, en 1808, dans un combat où il tenait en échec les Espagnols qui voulaient marcher sur Baylen.

Tombeau surmonté d'une magnifique statue équestre et orné de bas-reliefs de David d'Angers.

Ce monument, qui renferme le cœur du général, a été élevé par les soins de l'Académie française et de l'Académie des inscriptions et belles-lettres, légataires, chacune, de 10,000 francs de rente, d'après le testament du baron Gobert, fils du général.

Larrey (le baron). m. 15.
1766—1848.

Célèbre chirurgien en chef des armées françaises, honoré d'un legs de 100,000 francs par Napoléon. qui disait de lui :

« *C'est l'homme le plus vertueux que j'ai connu.* »

Gautier. m. 16.

Sépulture remarquable par une petite statue de marbre blanc, représentant un ange à genoux, composition gracieuse et finement rendue.

Oliveira (Arruda de). m. 16.
Déc. 18 juin 1849.

Mausolée de marbre blanc décoré d'un médaillon.

Ney (Michel). m. 16.
Sarrelouis, 1769 — fusillé le 7 déc. 1815.

Dit *le Brave des braves*, devint de simple soldat général de division en 1799, maréchal de l'Empire en 1804, et duc d'Elchingen l'année suivante, après sa victoire de ce nom.

Il contribua aux succès de la grande armée dans toutes les guerres d'Allemagne, et mit le comble à sa gloire dans la bataille de la Moskowa, dont il reçut aussi le nom avec le titre de prince.

Pendant la retraite de Russie, il fit des prodiges de valeur et sauva les débris de nos troupes. Il rendit encore de grands services dans les campagnes suivantes jusqu'en 1814. Alors il se rallia aux Bourbons et quand Napoléon revint de l'île d'Elbe, il accepta la fatale mission de s'opposer à sa marche; mais il ne put tenir contre l'enthousiasme de ses soldats pour l'empereur, et il se joignit à lui avec eux sans avoir cherché à le combattre.

Chargé du commandement de l'aile droite à Waterloo, il y déploya un courage extraordinaire, s'exposant à tous les dangers, comme s'il eût voulu ne pas survivre à ce désastre.

Arrêté après les Cent-Jours et traduit devant la cour des pairs, à la suite du refus que les maréchaux firent de le juger, il fut condamné, malgré l'article de la capitulation de Paris, qui semblait le mettre à l'abri de toute poursuite, et fusillé le 7 décembre 1815.

Aucun monument ne couvre le sol; on voit seulement un beau parterre orné d'arbustes et de fleurs, en souvenir sans doute du lieu où il fut mis à mort (1).

Winsor. m. 15.

Déc. 11 mai 1830.

Fondateur de l'éclairage des villes par le gaz.

Chasseloup-Laubat (marquis de). m. 15.

Déc. 6 octobre 1833.

Lieutenant général du génie, pair de France.

(1) A l'extrémité des jardins du Luxembourg.

Ruty (comte). m. 15.

Déc. 21 avril 1028.

Lieutenant général, pair de France.
Buste de bronze.

—

Compans (comtesse). m. 15.

Épouse du comte Compans, lieutenant général, pair de France.

Bas-reliefs ingénieux, reproduisant l'indicible tendresse de la comtesse pour ses enfants.

Ce monument élégant est surmonté d'une urne sur laquelle a été sculptée très-finement une tête de femme.

—

Dugas-Montbel. m. 20.

Saint-Chamond, 1776 — 1831.

Littérateur et érudit à qui l'on doit la meilleure traduction d'Homère, en prose française, avec des commentaires et une *Histoire des poésies homériques*.

Membre de l'Institut.

—

En descendant.

Martignac (vicomte de). m. 21.

1773—1832.

Ministre de l'intérieur en 1827, fit preuve de talent

oratoire et d'un esprit conciliant et libéral qui commençait à rapprocher les partis, quand il fut renversé par le ministère Polignac.

Suchet (duc d'Albuféra). m. 21.
Lyon, 1772—1826.

Général français. Se distingua dans maintes occasions et mit le comble à sa gloire, en Espagne, par de grands faits d'armes qui lui valurent successivement le bâton de maréchal et le duché d'Albuféra. Ses hauts faits principaux sont : la victoire de Margalef, la prise de Lérida et de Tarragone et celle de Valence, précédée de la bataille de Sagonte, remportée sur le général anglais Blake. Il ne fut pas moins distingué comme administrateur que comme guerrier.

Immense monument à quatre faces sculptées par David d'Angers; sur le côté principal, le génie de l'histoire grave sur un canon les hauts faits du héros.

La Trémouille (de). m. 21.

Sépulture qui renferme les restes de :
La princesse de **Tarente**, duchesse de La Trémouille.
16 janvier 1829 (28 ans.)
Armoiries coloriées sur marbre.

Mazarin (duchesse de) d'Aumont. m. 21.

Cottin (madame). m. 21.

Tonneins, 1773—1807.

Femme de lettres qui se fit une brillante réputation par ses romans (*Mathilde*). Elle repose entourée des enfants de madame Clarac, sa meilleure amie.

Serurier (comte). m. 21.

Laon, 1742—1819.

Général de la République. Prit part au 18 brumaire et devint sénateur, gouverneur des Invalides et maréchal de l'Empire.

David d'Angers. m. 21.

1789—1856.

Célèbre statuaire qui se plut à reproduire nos gloires nationales.

Mausolée de granit. Sur un grand pan, apparaît le nom de l'artiste, et au-dessus est fixée une couronne de bronze richement ciselée.

Decrès (Denis). m. 21.

Déc. 7 décembre 1821.

Amiral, duc et ministre de la marine, de 1802 à 1815, sous le Consulat et sous l'Empire.

Monument enrichi de belles sculptures; des vaisseaux sont sculptés dans les bas côtés.

Cambacérès. m. 21.

Montpellier, 1753 — 1824.

Grand jurisconsulte, membre de la Convention, deuxième consul de la République, prince archichancelier de l'Empire.

Bourke (Édouard comte de). m. 21.

Ancien ministre plénipotentiaire du Danemark près a cour de France.

Tombeau de marbre blanc, décoré d'un bas-relief de David. Une femme assise tient dans ses mains des branches de cyprès, son visage est tourné vers le buste du comte.

Sicard (l'abbé). m. 21.

Fousseret, 1742 — 1822.

Célèbre instituteur des sourds-muets, successeur de l'abbé de l'Épée, et membre de l'Institut.

Modeste sépulture ornée d'une croix de marbre noir.

Beurnonville. m. 21.

1762—1831.

Général de la République, ministre de la guerre en 1792, partit en cette qualité pour l'armée du Nord, afin d'arrêter Dumouriez, par qui, au contraire, il fut arrêté et livré à l'Autriche. — Échangé en 1795, il commanda quelques mois l'armée de Sambre-et-Meuse, devint sénateur sous l'Empire, pair et maréchal de France sous la Restauration.

Letourneur (Pierre). m. 21.
30 juin 1750 — 21 août 1821.

Lieutenant général.

Jordan (Camille). m. 21.
Lyon, 1771—1821.

Orateur politique, membre du conseil des Cinq-Cents, où il fit un rapport célèbre sur la liberté des cultes.

La Restauration l'appela au conseil d'État dont il fut éliminé en 1819, à cause de ses opinions libérales; il montra toute sa vie, dans sa conduite et dans ses écrits, le caractère d'un citoyen vertueux et éclairé.

Monument en forme de temple sous le couvert duquel est posé le buste de Jordan.

Cadet-Gassicourt. m. 21.
1769—1821.

Pharmacien, doué surtout d'un caractère original.

Parmentier. m. 21.

1737—1813.

Célèbre agronome, membre de l'Institut, dont le plus beau titre de gloire fut de faire apprécier et cultiver en France la pomme de terre, que l'on a appelée, de son nom, *Parmentière*.

—

Enfantin (le Père). m. 21.

Déc. 31 août 1864.

Ancien chef de l'école saint-simonienne, directeur du chemin de fer de Lyon à la Méditerranée.

A mis en avant, dans les derniers jours de sa vie, l'idée gigantesque du *Crédit intellectuel*.

Une simple pierre couvrira, selon son dernier désir, sa dépouille mortelle.

—

Turpin. m. 21.

Membre de l'Académie des sciences, naturaliste.

Son buste est dans une chapelle.

—

Volney. m. 30.

1757 — 1820

Philosophe savant, orientaliste et littérateur.

Pair de France, membre de l'Institut.

Pyramide de pierre très-basse.

Turgy (Louis-François de). m. 30.

Servit au Temple le roi Louis XVI.

Monument élevé par les soins de la duchesse d'Angoulême.

La Méthrie (de). m. 30.

Physicien habile, observateur exact.

Truguet. m. 28.
1752—1839.

Amiral, ministre de la marine, ambassadeur, pair de France.

Picard. m. 32.
1749—1829.

Auteur comique, membre de l'Académie française. Ses pièces, pleines de verve et d'originalité, offrent une histoire complète des mœurs du temps où elles furent composées.

Thibault. m. 32.
Déc. 1826.

Peintre, membre de l'Institut.

Sydney Smith (sir William). m. 32.
1764—1840.

Amiral anglais.
Beau médaillon de marbre blanc.
Armoiries de bronze.
Des vers anglais sont gravés sur le mausolée.

Riquet (Louis-Charles de), duc de Caraman. m. 31.
Paris, 1762 — Montpellier, 1839.

Pair de France, lieutenant général, ambassadeur.
A l'âge de 75 ans, il suivit comme volontaire, en 1836, l'expédition de Constantine.

Et Mérode (Léopoldine-Giulanie de),
marquise de Caraman.

Fernand Nunez de Montellano (le duc). m. 31.
Déc. 27 nov. 1822.

Ambassadeur d'Espagne à Londres et à Paris.

Urquijo (Louis de). m. 33.
3 mai 1817.

Ancien ministre et premier secrétaire d'État d'Espagne.
Temple de forme ronde, soutenu par huit colonnes, dont la coupole est surmontée d'une croix.

Inscription :

« *Il fallait un temple à la vertu, un asile à la douleur.* »

Nascimento (don Manoel). m. 33.

Célèbre poëte portugais.

Triqueti (Henri de). m. 33.

Bas-relief de bronze.

Le Christ disant :

« *Je suis la résurrection et la vie.* »

Pradt (l'abbé de). m. 32.

Allanches 1759—1837.

Membre de la Constituante, émigra en 1791, rentra sous le Consulat, devint, par la protection de Duroc, son parent, évêque de Poitiers, archevêque de Malines, grand aumônier, et ambassadeur à Varsovie sous Napoléon; se déclara en 1814 pour les Bourbons, qui le nommèrent chancelier de la Légion d'honneur; resta sans fonctions depuis 1815 jusqu'en 1827, où il se fit élire député; donna sa démission, et se mit à écrire divers ouvrages de circonstance, spirituels, incisifs, mais peu profonds, qui le rendirent pendant quelque temps le coryphée du libéralisme.

Grefulhe. m. 32.

Sépulture de famille.
Chapelle gothique construite par Brongniart.

Hamelin (baron). m. 27.
Déc. 23 avril 1839.

Contre-amiral.

Roussin (baron). m. 27.
1781—1854.

Amiral, deux fois ministre de la marine sous Louis-Philippe, et membre de l'Académie des sciences.

Mathagou et Leroy (mesdames). m. 27.

Chapelle surmontée d'une Cléopâtre voluptueusement couchée.

Ce sujet ayant irrité la pruderie de quelques visiteurs, la famille a préféré enlever toute inscription au fronton du monument, plutôt que de faire disparaître la statue, qui est fort belle.

Saint-Simon (comte de). m. 19.
1760 — 1825.

Parent du duc de Saint-Simon, le curieux chroniqueur, fit la guerre d'Amérique avec Lafayette, quitta le service, pour s'occuper d'une nouvelle organisation sociale, exposa son système dans divers écrits ou l'on trouve, parmi des paradoxes, des idées originales et profondes; fonda l'*école industrialiste*, et, après avoir été fort riche, mourut indigent entre les bras de ses disciples, qui s'appelèrent *saint-simoniens*, et formèrent une secte fameuse, dissoute en 1833 par les tribunaux.

Théorie de l'argent; suppression de l'héritage. La femme libre.

Rodrigues (Olinde). m. 19.
Bordeaux, 1795—1851.

Docteur ès sciences; disciple et continuateur du comte de Saint-Simon.

Masséna. m. 19.
Nice, 1758 — 1817.

Maréchal de l'empire, duc de Rivoli et prince d'Essling; ne fut pas seulement célèbre par les deux faits d'armes dont les noms décorent son blason; il le fut aussi, et à plus beau titre, par sa victoire de Zurich et par la défense de Gênes. Ses succès constants lui valurent, de la part des soldats, le surnom d'*Enfant chéri de la victoire*, que la prise de Gaëte et la conquête de la Calabre lui maintinrent et que la campagne de

Portugal ne fit pas oublier, car ce ne fut pas en vaincu qu'il se retira de ce pays.

Ce grand guerrier brilla sans égal parmi les lieutenants de Napoléon. Aucun d'eux n'eut comme lui la gloire de sauver son pays de l'invasion étrangère, et sa bataille de Zurich fut, pour la France républicaine, ce que celle de Denain avait été pour la France monarchique.

Superbe pyramide de marbre blanc de 21 pieds d'élévation, enrichie d'un médaillon au-dessous duquel des guirlandes de laurier sont appendues à deux glaives. La tête du maréchal est de Bosio, les sculptures sont dues au ciseau de M. Jacques.

Même monument.

Reille (comte).

Antibes, 1775—1860.

Maréchal de France, reçut tardivement, sous Louis-Philippe, cette dignité à laquelle il avait plus de droits que ceux qui l'obtinrent avant lui depuis la Restauration. Il était général de brigade et chef en second de l'expédition aux Antilles, en 1803, après avoir gagné ses grades antérieurs à Valmy, Lodi, Rivoli, Zurich et Gênes. Sa valeur à Iéna et à Pultusck lui valut celui de général de division. Il battit les Russes à Ostrolenka et devint, en récompense, aide de camp de l'empereur qui lui confia tour à tour le gouvernement de la Navarre, la conduite de la jeune garde à Wagram et le commandement de l'armée de l'Ébre. Il mit le comble à sa gloire en sauvant, par une stratégie admirable, les restes de l'armée battue à Vittoria et trois armées d'Espagne. On sait avec quel héroïsme il combattit à Waterloo à la tête du 2º corps. Ce fut le dernier acte de sa carrière militaire pendant laquelle il avait pris part à 142 batailles ou combats.

Lefebvre (Fr.-Jos.). m. 19.
1753-1820.

Maréchal de l'Empire en 1804, créé duc de Dantzick en récompense de la prise de cette ville en 1807, et pair de France sous la Restauration.

Grand sarcophage de marbre blanc orné de génies et de trophées d'armes.

Vallesteros (François). m. 19.
Déc. 28 juin 1832.

Général en chef des armées d'Espagne.
Ministre de la guerre.
Buste de bronze de Bra.

Davoust. m. 19.
Annoux en Bourgogne, 1770—1823.

Maréchal de l'Empire, créé duc d'Auerstæd et prince d'Eckmülh en mémoire de ses faits d'armes, près de ces deux villes, fut un des meilleurs lieutenants de Napoléon. Ministre de la guerre dans les Cent-Jours et chargé de la défense de Paris après le désastre de Waterloo, il signa la capitulation, suivie du retour de Louis XVIII, et devint pair trois ans après.

Ribes (comte de). m. 19.
Lieutenant général.

Beau mausolée de marbre blanc.

Beaumarchais (Caron de). m. 19.
1732 — 1799.

Auteur original et piquant de *Mémoires* ou *Factums*, qui sont des modèles en leur genre, et de pièces de théâtre, entre autres *le Barbier de Séville* et *le Mariage de Figaro*, dans lesquelles il donna une physionomie nouvelle à la comédie française, par une peinture vive et satirique des vices contemporains, jointe à l'imbroglio de forme espagnole.

Grande pierre tumulaire.

Haxo. m. 19.
1774—1838.

Lieutenant général du génie et pair de France.

Manuel. m. 19.

Barcelonette, 1775—1823.

Soldat volontaire en 1793, avocat, membre de la chambre des représentants, député expulsé par la majorité en 1823.

Buste de bronze et grande plaque.

Même monument.

Béranger.

1780 — 1857.

Poëte français ; exerça beaucoup d'influence sur l'opinion publique par ses chansons, dont plusieurs s'élèvent à la hauteur de l'ode.

Une souscription est ouverte pour lui élever un monument digne de son nom.

—

Presque en face.

Frère (Françoise-Nicole-Judith). m. 19.

Déc. 1857 (79 ans).

La *Lisette* de Béranger.

Petit mausolée de marbre blanc sur lequel on lit :

« *Fidèle amie de Béranger,* » et ces vers :

> Près de la beauté que j'adore,
> Je me croyais égal aux dieux (etc.).

Gossuin. m. 19.

Député à l'Assemblée législative, à la Convention nationale, au conseil des Cinq-Cents, au Corps législatif, à la chambre des Cent-Jours, administrateur général des domaines et des forêts.

Mortier. m. 19.

Cambrai, 1768 — 1835.

Maréchal de l'Empire et duc de Trévise, reçut en 1804 de hautes dignités qu'il avait méritées par ses beaux faits d'armes, sous la république, et qu'il honora par sa glorieuse conduite dans toutes les guerres de la France jusqu'à la chute de Napoléon. Il devint en 1834 ministre de la guerre et président du conseil, puis grand chancelier de la Légion d'honneur, et fut tué aux côtés de Louis-Philippe par l'explosion de la machine de Fieschi.

Lameth (les trois frères de). m. 19.

Théodore, Charles et Alexandre combattirent avec Lafayette pour l'indépendance de l'Amérique et se signalèrent en France par leur patriotisme; les deux derniers furent membres de la Constituante.

Monument composé de trois colonnes de pierre grise reposant sur un même piédestal.

Barras (comte de). m. 19.
1755—1829.

Conventionnel envoyé à l'armée du Midi pour hâter la prise de Toulon livré aux Anglais, commandant des troupes au 9 thermidor contre Robespierre, et aux journées de vendémiaire contre les sections qu'il fit mitrailler par le général Bonaparte, membre du Directoire; renversé au 18 brumaire et éloigné de Paris où il rentra en 1814 et resta, jusqu'à son dernier jour, avec l'assentiment des Bourbons.

—

Bibezco (Marie). m. 19.

Princesce de Valachie.

Chapelle magnifique au fronton orné de riches armoiries et d'un aigle à la couronne d'or. Sur le derrière est posée une coupole élegante décorée à l'extérieur d'arabesques dorées; l'intérieur possède de belles fresques.

—

Foy (Maxim.-Sebast.). m. 19.
Ham, 1775 — 1825.

Général et orateur politique, s'illustra dans les camps par son brillant courage et dans les assemblées législatives par sa noble éloquence. Sa mort prématurée, à l'âge de 50 ans, émut la France entière dont il défendait les droits constitutionnels. Ses enfants furent dotés par une souscription nationale qui s'éleva, en quelques jours, à près d'un million.

Monument érigé par ses concitoyens. Statue de David d'Angers.

Enormes bas-reliefs représentant le général Foy à la tribune, — un épisode de guerre civile, — le convoi de ce grand citoyen.

Daunou. m. 19.
Boulogne, 1761 — 1840.

Ex-oratorien, membre de l'Institut, secrétaire perpétuel de l'Académie des inscriptions, fit partie du conseil des Cinq-Cents sous la République, de la Chambre des députés sous la Restauration et de celle des pairs sous Louis-Philippe. Il se distingua comme écrivain par des ouvrages historiques et littéraires.

Mausolée de marbre gris rehaussé d'un médaillon de bronze de David.

Jacquet (baron). m. 19.

Maréchal de camp de cavalerie.

Colonne de pierre surmontée d'un casque.

Sallandrouze de Lamornaix. m. 19.

Grand manufacturier.

Sépulture de la famille.

Girodet. m. 19.

Montargis, 1767 — 1824.

Peintre célèbre dont le tableau, *Une scène du déluge*, obtint le grand prix décennal sur celui de son maître David, *l'Enlèvement des Sabines*. Ce grand artiste, un des plus savants dessinateurs, composa divers ouvrages en prose et en vers parmi lesquels on distingue un poëme intitulé *le Peintre*.

Buste de marbre blanc.

Saint-Simon (de). m. 19.

Sépulture de la famille.
Chapelle élégante.

Dupaty (Charles), m. 18.

1771—1825.

Statuaire distingué, membre de l'Institut.
Médaillon de marbre blanc.

Cornemuse (Louis). m. 18.

Mort le 7 mars 1853 (55 ans).
Général de division.

Boerne (Ludwig). m. 17.
Francfort-sur-le-Mein, 1786—1837.

Poëte allemand.

Médaillon de bronze et bas-relief de David d'Angers.

Pozzo di Borgo. m. 17.
1764—1842.

Habile diplomate, né en Corse dans le bourg de son nom, fit partie de la Législative, négocia le traité de Paoli avec les Anglais, quitta son pays, vécut à l'étranger par suite de sa haine contre Napoléon, entra au service de l'empereur de Russie, devint son ambassadeur auprès de Louis XVIII en 1815, influa sur les mesures prises par les congrès de la Sainte-Alliance, passa en 1835 de l'ambassade de France à celle de Londres, se retira en 1839 et mourut à Paris.

Vaste enceinte entourée d'une balustrade, décorée d'une croix de pierre et sur le milieu d'un énorme buste en bronze.

Bruat. m. 18.

Amiral.

Riche mausolée sur lequel s'étale un trophée d'armes auquel est appendu un médaillon : un personnage, le génie des mers sans doute, tient dans ses mains une couronne, et son regard est fixé sur le médaillon.

Paris. m. 18.

Déc. 4 mars 1860.

Continuateur de la réforme musicale entreprise par Galin

Chevé. m. 18.

Déc. 25 août 1864.

Ancien docteur en médecine, ardent propagateur de la méthode Galin et Paris; a consacré son existence au triomphe de l'école nouvelle sans se laisser jamais rebuter par les attaques les plus violentes.

Monument fort simple.

Garnier-Pagès. m. 17.

Déc. en 1841.

Homme politique et grand orateur.

Monument érigé avec le produit d'une souscription nationale.

Une tribune vide sur le devant de laquelle est déposée une couronne.

Geoffroy Saint-Hilaire. m. 17.

Étampes, 1772—1844.

Savant naturaliste, fit faire de grands progrès à la zoologie.

Monument élégant.

Augustin (J.-B.). m. 18.
1759.

Peintre en miniature.
Médaillon de David d'Angers.

Paillet. m. 18.
Soissons, 1796 — 1855.

Avocat d'un grand talent, mort à la barre.
Bas-relief d'une belle exécution montrant la veuve et l'orphelin en pleurs devant l'image vénérée de l'avocat.

Demidoff (comtesse de) née baronne Strogonoff.
m. 17.
Déc. 8 avril 1818.

Monument superbe, style semi-oriental, construit avec des marbres tirés de l'Italie.

L'un des plus riches du cimetière, ce monument est placé au point culminant du tertre qui domine l'avenue des Acacias; on aboutit à la plate-forme par un double escalier de pierre. Vue de l'allée des Acacias, la base tailladée apparaît d'un grandiose écrasant pour les constructions voisines. Des loutres, des têtes de loup, le marteau des mineurs sont sculptés sur toutes les faces entrecoupées par d'immenses draperiés largement ciselées dans la pierre. Sur cette base énorme, repose un temple de marbre blanc soutenu par dix colonnes, et, sous ce riche abri, est dressé un sépulcre que rehaussent le blason et la couronne des Demidoff.

Lacave-Laplagne. m. 18.

Ministre des finances sous Louis-Philippe.

Perry (sépulture). m. 17.

Belle chapelle. A l'intérieur et au-dessus d'un autel, un bas-relief montre une femme agenouillée devant un médaillon. De la balustrade qui garnit le devant de la chapelle, l'œil parcourt l'admirable point de vue qui se déroule jusqu'au lointain.

Racine. m. 18.

1639—1699.

Membre de l'Académie française, le premier des poëtes français pour la beauté des images, la noblesse des sentiments, la pureté et l'harmonie du style.

Chapelle lourde et disgracieuse.

Gaudin. m. 18.

Saint-Denis, 1775—1852.

Ministre des finances depuis le Consulat jusqu'à la

fin de l'Empire, fut nommé duc de Gaëte. On a de lui des mémoires sur son administration.

Nansouty (de). m. 18.
déc. 12 fév. 1815.

Lieutenant général d'une grande bravoure.

Otrante (comtesse d'). m. 18.
Stockholm, 1801—1826.

Hugo (comte). m. 18.
Nancy, 1775 — 1828.

Lieutenant général.

« Trente ans de guerre l'avaient épargné, quatorze » ans de paix l'ont tué. »

Père de Victor Hugo le grand poëte.

Lambrechts. m. 27.
1753—1823.

Ministre de la justice, sénateur, député du Bas-Rhin.

Molière (J.-B. Poquelin de). m. 27.
Paris, 1622—1673.

Le meilleur des poëtes comiques de toutes les nations, au jugement de Voltaire.

Ses ossements furent transportés dans ce cimetière

par les soins de M. Chabrol de Volvic, préfet de la Seine, le 21 mai 1804.

Monument mesquin.

Une sorte de coffre de pierre est lourdement soutenu par des pilastres rustiques.

Une souscription fut ouverte, il y a un demi-siècl pour élever à Molière un monument digne de lui; n'a pas été remplie!

Lafontaine (Jean de). m. 27.
Château-Thierry, 1695.

Membre de l'Académie française, poëte original, naïf et sublime, surnommé l'*inimitable*, le premier des fabulistes et des conteurs dont Molière disait : « Le bonhomme ira plus loin que nous. » Les traits de sa vie et de son génie sont dans la mémoire de tout le monde. Il fut inhumé dans le cimetière le même jour que Molière.

Sarcophage de pierre surmonté d'un renard. Sur les côtés sont deux bas-reliefs : *la Cigogne et le Loup, le Loup et l'Agneau*.

Il serait à souhaiter qu'un monument plus élégant renfermât les restes du bonhomme, et il serait beau de voir les enfants de la France entière, dont il instruit la débile intelligence, se charger d'acquitter cette dette nationale.

Latier (Bayane-Hubert de). m. 27.

Valence, 1739 — 1818.

Cardinal, duc et pair de France.

Tombeau de marbre noir.

Leczynska (Marie), comtesse d'Ornano. m. 27.

Déc. 1817.

Colonne de marbre, ornée d'un blason.

Aboville (comte d'). m. 27.

Déc. 1817.

Général d'artillerie, pair de France.

Chapelle dont le fronton décoré d'un médaillon est soutenu par deux canons, sur lesquels sont gravés en lettres d'or les exploits du général.

Laplace (marquis de). m. 27.

1749—1827.

Géomètre et astronome d'un grand génie, eut la gloire de continuer et de compléter l'œuvre de Newton.

Il fut membre de l'Académie des sciences et de l'Académie française, et reçut de la Restauration les titres de marquis et de pair, à la place de ceux de comte et de sénateur que Napoléon lui avait donnés.

Pyramide de marbre blanc surmontée d'une urne.

Alton (comte d'). m. 27.

Déc. 1845.

Général de division.

Gros (le baron). m. 27.

Paris, 1771—1835.

Un des plus grand peintres d'histoire de l'école française moderne, élève de David ; se classa au premier rang par son tableau des *Pestiférés de Jaffa* et par ses peintures de la *coupole de sainte Geneviève* (le Panthéon). Mais la supériorité de son talent ne se fit plus remarquer dans les dernières années de sa vie et sa composition d'*Hercule et Diomède*, exposée au salon de 1835, devint l'objet de critiques violentes, qui le portèrent à se jeter dans la Seine.

Beau monument décoré du buste de Gros.

Gémond (sépulture). m. 27.

Immense obélisque au milieu duquel est fixé un médaillon de bronze.

Gay-Lussac. m. 22.

1778—1850.

Physicien et chimiste français, membre de l'Académie des sciences et de toutes les sociétés savantes d'Europe, ancien pair de France.

Médaillon de bronze.

Étienne (Henri-Charles). m. 22.

Déc. 1861.

Conseiller référendaire à la Cour des comptes, député de la Moselle.

Chapelle surmontée d'un sépulcre sur lequel repose un buste.

—

Salm-Dick (princesse de). Constance-Marie de **Théis**. m. 22.

Déc. 13 avril 1845.

—

Faucher (Léon). m. 22.

Limoges, 1803—1854.

Économiste de talent, ministre de l'intérieur sous l'empereur Napoléon III.

Colonne brisée de marbre blanc.

—

Beauvilliers. m. 17.

Fameux restaurateur, publia deux volumes in-8° sur l'art culinaire.

—

Raucourt (Mlle) Antoinette. m. 17.

Nancy, 1756—1815.

Tragédienne remarquable par son talent et sa beauté. Le clergé refusa de l'enterrer et Louis XVIII, pour apaiser le peuple ameuté, envoya un de ses chapelains célébrer le service funèbre.

Beau buste de marbre blanc, admirable d'expression altière.

Labenette Corsse. m. 17.

Mime excellent.

Buste enclos dans une niche pratiquée dans le marbre, laissant percer une bonhomie singulière.

Poisson. m. 23.

Pithiviers, 1781—Sceaux, 1840.

Mathématicien, membre de l'Académie des sciences et pair de France.

Morellet (l'abbé). m. 17.

Lyon, 1727—1819.

Littérateur, membre de l'Académie française, dont il sauva, en 1792, les archives ainsi que les manuscrits du *Dictionnaire*.

Isabey. m. 23.

Grand peintre en miniature.

Sépulture des familles Isabey et Constantin, formant une suite continue de tombeaux. Sur l'un d'eux se lit cette inscription devenue fameuse par la tendresse fraternelle dont elle peint, d'un seul trait, le sentiment le plus exquis :

Ci gît mon meilleur ami : c'était mon frère Isabey.

Perrée (Louis). m. 25.
1817—1851.

Membre de l'Assemblée constituante, directeur du journal *le Siècle*.

Sépulture poignante.

Le visage de Perrée décomposé par la mort repose sur un oreiller.

(Sculpture de Dantan.)

Poirson. m. 25.
1761—1831.

Géographe.

Désaugiers. m. 25.
Fréjus, 1772 — 1827.

Auteur de vaudevilles qui eurent une vogue prodigieuse et de chansons pleines de verve, d'esprit et de gaieté.

Médaillon dans le marbre.

Pradier. m. 26.

Sculpteur d'un grand talent dont les magnifiques productions ornent nos musées.

Riche monument décoré d'un buste sculpté par ses élèves et de bas-reliefs qui rappellent ses chefs-d'œuvre les plus connus.

—

Tascher de la Pagerie (comte). m. 26.
1785—1816.

Maréchal des camps et armées du roi.
Monument fort simple.

—

Sépulture de la famille **Clary**. m. 26.
Grande pyramide de pierre.

—

Junot (duc d'Abrantés). m. 26.
1771—1813.

Aide de camp de Bonaparte en Égypte, général de division en 1801, commandant en chef de l'armée de Portugal en 1807; nommé duc pour la prise de la ville d'Abrantès, et obligé, en 1808, de capituler à Cintra.

Monument à demi-renversé et sur lequel on lit :

S'ils ne sont pas tous trois sous cette pierre,
Un même souvenir réunit dans nos cœurs
Des êtres aussi chers.

. . . .

Turenne (Amédée, comtesse de). m. 26.
Déc. 1822, 21 ans.

Genlis (comtesse de). m. 26.
1746—1830.

Fut gouvernante des enfants du duc d'Orléans, composa des ouvrages estimés pour l'éducation de ses élèves, parmi lesquels furent Louis-Philippe et madame Adélaïde; écrivit dans la suite des romans historiques et termina sa carrière littéraire par des mémoires dont les révélations curieuses firent bien crier contre elle.

Médaillon très-fin de Sorret.

Castelbranco (princesse de). m. 26.
Déc. en 1829.

Et **Hijar** (duchesse d'), senora de Sylva y Stuart.
Cippe de marbre blanc surmonté d'une colonne.

Luther (Amédine) (femme Félix). m. 26.
Nantes, 1830—1861.

Actrice de talent.
Chapelle dans laquelle sont inscrits ces vers :

Artiste elle nous laisse un sillon tout vermeil,
Et femme un souvenir tout humecté de larmes.
     (ÉDOUARD-PLOUVIER).

Valence (comte de). m. 26.

Agen, 1757—1822.

Lieutenant général, pair de France. Sur un tombeau de marbre blanc, et contre un pan est accrochée une panoplie d'armes; au-dessous un long manteau déroulé, un casque et une cuirasse couvrent un cercueil.

—

Caumont-Laforce (comte de). m. 26.

1832.

Une croix de marbre blanc.

—

Pérignon (marquis de). m. 26.

1754—1818.

Membre de la Législative, donna sa démission pour servir dans l'armée des Pyrénées-Orientales, en eut le commandement en chef à la mort de Dugommier, força l'Espagne à la paix par ses victoires; conclut avec elle comme ambassadeur un traité d'alliance offensive et défensive, fut fait maréchal de l'Empire en 1804, se rallia à la Restauration et lui resta fidèle.

—

Bruges (comte de). m. 34.

Déc. MDCCCXXXXI.

Lieutenant général, ex-grand chancelier, aide de camp du roi Charles X.

Godoy (don Manuel), prince de la Paix. m. 33.
1767—1851.

Beau médaillon.

Baudrand (comte). m. 38.
Déc. 1848.

Lieutenant général, pair de France, gouverneur du comte de Paris.

Et Baudrand (Mme).

Veuve du général, femme d'Ary-Scheffer, le peintre de talent, mort en 1858.

Du Puy (comte). m. 38.
1753—1802.

Ancien gouverneur des établissements français dans l'Inde.

Ceballos. m. 38.
1811—1859.

Ancien président de la république mexicaine.

Bosio. m. 38.
Monaco, 1768 — 1845.

Célèbre sculpteur.

Petite brèche de marbre blanc, entièrement privée d'ornements.

Jaubert (Amédée). m. 34.
Aix, 1779—1847.
Pair de France, membre de l'Institut.

Desclozeaux. m. 34.
Versailles, 1732—1816.
Propriétaire de l'ancien cimetière de la Madeleine, où furent inhumés les restes de Sa Majesté Louis XVI et de Marie-Antoinette. Humble monument surmonté d'une petite croix de pierre.

Persil (Eugène). m. 36.
Déc. 1841, 33 ans.
Député, substitut du procureur général près la cour de Paris.

Rogniat (vicomte). m. 36.
1796—1840.
Lieutenant général, pair de France.

Aguado, marquis de las Marismas del Guadalquivir.
m. 34.
Séville, 1785—1842.
Magnifique mausolée présentant, aux deux côtés, deux statues, la Bienfaisance et les Arts, et, au sommet au-dessous d'un sépulcre, deux enfants qui soutiennent le blason et la couronne des Aguado.

Bayard (Jean). m. 35.

Charolles, 1796 — 1853.

Auteur dramatique.

—

Gourgaud (baron). m. 35.

1783—1852.

Général de brigade, officier d'ordonnance de l'empereur, auprès de qui il passa quelque temps à Sainte-Hélène, fut fait général de division dans l'artillerie, sous Louis-Philippe.

Belle chapelle.

—

Grande pyramide, sans nom, garnie de sculptures et d'armoiries.

—

Adanson (Michel). m. 35.

Aix, 1727—1806.

Naturaliste, auteur d'excellents ouvrages sur les coquillages et les plantes exotiques, membre de l'Académie des sciences.

Magnifique pyramide.

—

Bellart. m. 35.

1761—1826.

Procureur général, orateur.

Mausolée surmonté d'une urne.

Pigeau. m. 35.

Fut un des premiers qui traça les règles de la procédure civile, devint professeur à la Faculté de droit de Paris, et publia un ouvrage estimé.

Dubufe. m. 35.
1790—1864.

Peintre d'histoire.

Choiseul (Claude de). m. 36.
Déc. 1711.

Maréchal de France.

Inhumé dans l'église des religieux de Picpus, découvert en 1860, déposé au Père-Lachaise.

Mouton (l'abbé). m. 36.
Déc. 1862.

Aumônier de la marine française.
Médaillon de bronze.

Schœlcher, fabricant de porcelaine. m. 36.

Grand bas-relief de bronze d'Eck et Durand.

Deux travailleurs au repos près d'une grande urne.

Aumont (duchesse d'). m. 37.

1786—1838.

Monument fort simple.

—

Blanqui (Jérôme-Adolphe). m. 37.

1798—1854.

Économiste français, membre de l'Académie des sciences morales et politiques.

—

Narbonne-Lara (vicomte de). m. 24.

Maréchal de camp des armées du roi.

Modeste monument avec cette devise orgueilleuse en langue espagnole.

Si nous ne descendons pas des rois, nous descendons de nous-mêmes.

TROISIÈME DIVISION.

Fabre (Victorin). m. 44.

Janjac, 1785—1831.

Poëte et prosateur distingué, dont l'Institut couronna plusieurs fois les discours.

Fabre (Auguste) son frère.
1792—1839.

Poëte et auteur dramatique.
La Calédonie, épopée, et *Irène* et *Domitien,* pièces de théâtre.

Bas-relief de Fressard. (Personnages allégoriques couronnant deux bustes.)

Rayneval (comte de). m. 44.
1813—1858.

Ambassadeur de France en Russie.

Binet (sépulture). m. 44.

Monument de pierre; une femme agenouillée près d'une urne.

Simonin de Calcutta (sépulture). m. 44.

Mausolée richement ciselé.

Lacretelle. m. 39.
1769—1855.

Historien et écrivain distingué, membre de l'Académie française.

Crozatier (Charles). m. 39.

Le Puy, 1795—1855.

Sculpteur en bronze, dont les principales œuvres sont :

Le *Quadrige de l'arc de triomphe du Carrousel*, la statue de *Casimir Périer*, au Père-Lachaise, la statue équestre de *Louis XIV*, à Versailles, l'ancienne statue de *Napoléon*, sur la colonne Vendôme, celle de *Rousseau*, à Genève, et celle de *Guttemberg*, à Mayence, enfin l'*Hercule* du château de Windsor.

Mausolée de marbre vert, admirable de coupe et enrichi de deux bustes de marbre blanc (Crozatier et sa femme), et de trois petits bas-reliefs de bronze montrant des intérieurs d'atelier.

Stranzieri. m. 39.

Naples, 1835 — 1861.

Compositeur italien, valses, nocturnes.

Andrianof (Hélène). m. 39.

Monument de marbre blanc.

Le corps d'une jeune fille, chastement raidie sous son linceul, repose sur le mausolée.

Bérat (Frédéric). m. 43.

Auteur de charmantes compositions musicales qui ont eu de la vogue.

Petit mausolée sur lequel est gravée une lyre.

Bignan (Anne). m. 39.
Lyon, therm. an III—1861.

Littérateur.

Chasseloup-Laubat (marquis de). m. 43.
Déc. 1847.

Député, ministre plénipotentiaire, et

Chasseloup-Laubat (marquise de), sa femme.

Tombeau armoirié en marbre blanc.

Riario-Sforza (duc de). m. 43.
Déc. 1862.

Riche chapelle aux armes des Sforza.

Jomard. m. 39.
1777—1862.

Membre de l'Institut.

Petit obélisque rehaussé d'un médaillon de marbre blanc.

Feuchères (baron de). m. 39.

Général de division, et

Feuchères (baronne de).

Concession à perpétuité du terrain, faite par la ville de Paris à titre d'hommage public.

Le monument, qui est de pierre et de marbre, porte une urne couronnée du blason de la ville de Paris.

Pontécoulant (de). m. 39.

Caen, 1764—1853.

Député à la Convention nationale, membre du conseil des Cinq-Cents, sénateur, pair de France.

Capellaro (sépulture de la famille). m. 39.

Statue de pierre et de marbre blanc représentant un ange, les bras levés vers le ciel et donnant la liberté à un papillon.

Tencé, Sourdeval et **Bodereau**. m. 39.

Superbe chapelle de famille.

Ledru-Rollin (Mme).

Mère de Ledru-Rollin, un des membres du gouvernement provisoire en 1848.

Lassus. m. 40.

Architecte de l'église de Belleville, qu'on aperçoit de son tombeau.

CIMETIÈRE MUSULMAN.

Au centre duquel est une petite mosquée.

Reine d'Oude et son fils.

Reprise du cimetière chrétien.

Servais (Marie-Thérèse). m. 40.
Liége, déc. à Paris 29 novembre 1839.
Peintre de fleurs.

Lalande. m. 40.
1787—1844.
Vice-amiral, député du Morbihan.

Jacotot (Jean-Joseph). m. 43.
1760—1840.
Auteur d'une méthode d'*Enseignement universel* à laquelle on a donné son nom.

Diaz-Santos (Charlotte-Emilie). m. 42.

Monument élevé par la duchesse de Duras à sa fille.

Grande pyramide sur le devant de laquelle est sculptée magnifiquement la résurrection d'une jeune femme : un ange soutient dans ses bras la jeune femme et l'emporte au ciel. Sculpture de Fessard.

Beaujour (Félix de). m. 42.

Ancien consul.

Pyramide gigantesque dont le sommet enrichi de dorures se perd dans le ciel.

C'est le monument le plus colossal du cimetière.

Roussel, commerçant. m. 42.

Buste en bronze de Cousseau.

Bory de Saint-Vincent (le colonel). m. 43.

1780—1846.

Géographe et naturaliste français.

Mausolée décoré avec goût et surmonté d'un tronçon de colonne antique.

Souvestre (Émile). m. 42.

Déc. 5 juillet 1854.

Écrivain de talent.

Modeste monument sur lequel repose un buste de Grass.

Balzac (Honoré de). m. 42.

Vendôme, 1799—1850.

Auteur ingénieux et original d'un grand nombre de romans compris sous le titre général de *Comédie humaine*.

Sépulture envahie par le lierre. Le buste en bronze de Balzac est caché en partie. La tête seule apparaît avec cette finesse expressive qui la faisait remarquer quand la vie l'animait.

Au pied du monument, un livre en bronze, le livre de la *Comédie humaine*, repose fermé avec une plume dessus.

Poultier (le colonel). m. 43.

Né à Montreuil-sur-Mer, 1753. — Mort en exil, à Tournay, en 1826.

Homme de lettres, publiciste; ancien conventionnel, membre du Corps législatif.

Nodier (Charles). m. 43.

Besançon. 1778 — 1844.

Littérateur, philologue, écrivain élégant en prose et en vers, de l'Académie française.

Monument d'un bon style décoré du buste de l'écrivain.

—

Lefournier. m. 42.

Déc. 1859.

Émailleur de talent. A rendu à notre époque les émaux si précieux du xvie siècle.

—

Salvage de Faveroles (baronne). m. 42.

Mausolée splendide, en forme de chapelle. Sur le devant figurent deux statues accroupies dans l'attitude de la douleur. Sur les côtés sont enchâssés deux bas-reliefs de marbre; l'un fait voir une jeune femme emportée au ciel, l'autre, une femme bienfaisante secourant le prisonnier, l'enfance et la vieillesse. (Sculptures de Dubray.)

—

Delavigne (Casimir). m. 43.

Le Havre, 1693 — Lyon, 1842.

Poëte lyrique et dramatique, membre de l'Académie française. Fut l'écrivain de son temps le plus sympathique au public par son talent remarquable et par son libéralisme constitutionnel. Au-dessus du monument une statue allégorique tient dans ses mains un luth et une couronne.

De cette partie du cimetière l'œil domine Paris, et le visiteur a devant lui un panorama admirable.

Darcet. m. 44.
Douazit (Landes). 1725—1801.

Célèbre chimiste, fut le directeur de la Manufacture de Sèvres, membre de l'Académie des sciences et sénateur. On lui doit l'importation en France de l'art de fabriquer la porcelaine, l'extraction de la gélatine des os, et de la soude du sel marin, ainsi que l'invention de l'alliage auquel on a donné son nom.

Ricci (de). m. 45.
Général d'artillerie.

Camus. m. 46.
1748—1804.

Membre de la Constituante et de la Convention, où il se fit distinguer par son caractère stoïque et ses plans d'économie administrative ; fut un des commissaires chargés d'arrêter Dumouriez, et livrés par ce général aux Autrichiens.

Dode de la Brunerie. m. 45.
1775—1851.

Général du génie sous l'Empire, pair sous la Restauration, constructeur des fortifications de Paris et maréchal de France sous Louis-Philippe.

Millevoye. m. 45.
Abbeville 1782 — 1816.

Poëte gracieux, mort à 34 ans.

Roman. m. 46.
Déc. 1835.

Statuaire, membre de l'Institut.

Buste de marbre.

Cartellier (Pierre). m. 46.
1757—1831.

Sculpteur français, membre de l'Institut.

Monument artistique orné de petites statues et d'un buste de Cartellier, qui est de Rude.

Aux deux côtés de ce monument, figurent deux autres tombeaux rehaussés de bas-reliefs, dont l'un est de Petitot, l'autre de Seurre.

Deséze. m. 46.

Bordeaux, 1750 — 1828.

Avocat illustre qui défendit Louis XVI avec courage et avec éloquence devant la Convention ; il devint, sous Louis XVIII, premier président de la Cour de cassation, pair de France et membre de l'Académie.

Obélisque de marbre avec un blason fleurdelisé, ayant sur champ une grosse tour, la tour du Temple.

Doyle (sir William). m. 44.

Lieutenant général anglais.

Belles armoiries sur un tombeau de marbre blanc.

QUATRIÈME DIVISION.

Région dite des Musiciens.

Géricault. m. 47.

Rouen, 1791 — 1824.

Un des plus grands peintres de l'école française moderne, auteur du *Naufrage de la Méduse*.

Petit monument sur lequel est sculpté une palette, à laquelle est attachée une branche de cyprès.

Ciselures d'Etex.

Bedeau. m. 47.

Général.
Sépulture de la famille.

Boyer. m. 47.
1776—1850.

Général mulâtre, président de la république d'Haïti de 1818 à 1843, d'où il fut expulsé.
Chapelle de marbre blanc.

Lafond. m. 47.
Déc. 23 août 1839.

Célèbre violoniste et compositeur.
Opéras, concertos, mélodies, romances.

Bourgoin (Thérèse). m. 47.
1781—1833.

Actrice du Théâtre-Français.
Sur son mausolée figure une urne précieuse, vieux débris tiré des ruines de Pompeï.

Talma. m. 47.
Paris, 1763—1826.

Grand tragédien qui ramena le costume théâtral à l'exacte vérité, et sut mieux que tous les acteurs de son temps exciter la terreur et la pitié par un accent irrésistible accompagné d'un jeu sublime.

Il plaisait fort à Napoléon, dans l'intimité duquel il était admis.

Monument fort simple, n'ayant d'autre ornement que le nom du grand acteur, inscrit en grosses lettres noires.

Neufchâteau (François de). m. 48.
1750—1838.

Ancien ministre de l'intérieur, membre de l'Académie française.

Colonne de marbre noir.

Hérold (Louis-Joseph-Ferdinand). m. 49.
1791—1833.

Grand compositeur (*Zampa, le Pré aux Clercs*).

Monument nouvellement restauré, sur lequel figure une lyre dont les cordes sont brisées.

Soliva. m. 49.

Né en Piémont. — Déc. 20 décembre 1853.

Directeur du Conservatoire de musique de Varsovie.

Compositions dramatiques :

Giula, le Zingari, les Maures en Espagne, opéras.

Blanchard (Mme).

Femme du célèbre inventeur du parachute; périt dans une ascension qu'elle fit au jardin de Tivoli, à Paris, en 1819, le 6 juillet, son aérostat ayant été embrasé dans les airs par des feux d'artifice qu'elle lançait.

Monument excentrique : lourde masse coiffée de quatre cornes égyptiennes en triangles aigus, surmontée par un hémisphère, essayant de figurer la moitié d'un ballon.

Méhul. m. 49.

Givet, 1763—1817.

Célèbre compositeur, membre de l'Institut.
(*Joseph, le Chant du départ.*)
Colonne de marbre blanc surmontée d'une urne.

Paër (Ferdinand). m. 49.

Parme, 1771—1839.

Compositeur de talent, membre de l'Institut, pianiste distingué.

Pleyel. m. 49.

Fabricant d'instruments de musique.
Sépulture de famille.

Galin. m. 49.
Déc. 31 août 1822.

Inventeur du méloplaste et du chromériste, chef inventeur d'une nouvelle école musicale et d'une méthode simplifiée.

Panseron (Auguste). m. 49.
1795—1859.

Musicien.

Colonne surmontée d'un buste de bronze.

Gossec (Joseph). m. 49.
1734—1829.

Musicien.

Débuta par une *Messe de morts*, qui est un chef-d'œuvre; composa plusieurs opéras applaudis, et forma une école de chant d'où sortit le Conservatoire.

Bonne tête sculptée sur la pierre tumulaire.

Nicolo. m. 49.
1775—1818.

Compositeur maltais, d'origine française; embellit de sa musique gracieuse vingt-neuf opéras comiques, - dont la plupart eurent un grand succès. (*Joconde.*)

Catel (Charles). m. 49.

Compositeur, membre de l'Institut.

———

Hecquevilly (marquis d'). m. 49.
Déc. 1850.

Lieutenant général, pair de France.

———

Lavoisier (Mme). m. 49.

Veuve du savant dont elle porta le nom et partagea les travaux.

Elle épousa en secondes noces le comte de Rumfort.

Grand monument en forme de colonne décoré d'un buste.

———

Dillon (Mme). m. 49.

Épouse du général ex-constituant Arthur Dillon.

Et de **Dillon** (Fany), leur fille.

Épouse du général Bertrand.

Suivit son mari à l'île d'Elbe et à Sainte-Hélène, où ils partagèrent le sort de l'empereur Napoléon.

Langlé. m. 49.

Élève et professeur du Conservatoire della Pieta à Naples, professeur et bibliothécaire du Conservatoire de musique à Paris.

Auteur de travaux de musique et d'opéras.
Mahomet II.

—

Schneider. m. 49.

Déc. au Creusot, 3 août 1845.

Député de Saône-et-Loire.

Tombeau de marbre blanc.

—

Wilhem. m. 48

Paris, 1781 — 20 avril 1842.

Créateur du chant populaire en France, 1819 ; fondateur de l'orphéon, 1833 ; compositeur des chœurs : *les trois Gloires, les Adieux de Charles VII.*

Médaillon de bronze de David.

On lit sur le monument ces vers de Béranger :

> Des classes qu'à peine on éclaire
> Relevant les mœurs et les goûts,
> Par toi devenu populaire,
> L'art va leur faire un ciel plus doux.
>
> Sur ta tombe, tu peux m'en croire,
> Ceux dont tu charmes les douceurs
> Offriront un jour à ta gloire
> Des chants, des larmes et des fleurs.
>
> (16 mai 1841.)

Dufresnoy. m. 48.
Déc. 22 mars 1857.

Membre de l'Académie des sciences, inspecteur général de première classe du corps impérial des mines, directeur de l'École des mines, professeur au Muséum d'histoire naturelle.

Hurtault. m. 48.
Déc. 1824.

Architecte du roi, membre de l'Institut, inspecteur général des bâtiments civils.

Messier. m. 48.
Déc. 12 avril 1817.

Astronome de la marine de France, membre de l'Institut.

Charles. m. 48.
Nancy, 1746 — 1823.

Physicien, aéronaute, membre de l'Académie des sciences, appliqua le gaz hydrogène à l'aérostat. Sa jeune femme fut l'Elvire de M. de Lamartine.

Sur son tombeau sont gravées ces lignes :

« *La science aérostatique que tu as créée transportera*
» *ton corps au-dessus des nues.* »

LEMERCIER, *de l'Institut.*

Spaeudonck. m. 48.

Tibourg, 1746 — 1822.

Professeur d'iconographie, administrateur du jardin du roi, membre de l'Institut.

Vandaël. m. 48.

Anvers, 1764—1840.

Peintre de fleurs. (La *corbeille à Julie*, l'*Offrande à Flore*, la *Croisée*.)

Monument embelli de ces vers :

> Si tu viens au printemps, dans ce lieu de douleurs,
> Ami des arts, tu dois le tribut d'une rose
> A ce tombeau modeste, où pour jamais repose
> La cendre de Vandaël, notre peintre de fleurs.

Breguet. m. 48.

Neufchâtel, 1747 — 1823.

Habile mécanicien et célèbre horloger.

Son buste en marbre.

Grétry. m. 48.

Liége, 1741 — Hermitage d'Émile, 1813.

Compositeur et membre de l'Institut, occupa, de son vivant, le premier rang dans son art. Ses nombreuses compositions, si longtemps applaudies sur la scène, brillèrent toutes par la simplicité, le naturel, la fraîcheur, la grâce de la mélodie, et lui valurent le surnom de Molière de la musique, à cause de l'accent comique qu'il sut donner au langage musical.

(*Le Tableau parlant, la Fausse Magie*, etc.)

Modeste monument élevé par *ses nièces et neveux*, surmonté d'un buste de plâtre !...

Bellini (Vincent). m. 48.
Catane, 1802—1835.

Compositeur distingué, ravi par une mort précoce à l'art musical, qu'il avait enrichi de plusieurs chefs-d'œuvre, tels que *la Norma*, *les Puritains*, *la Somnambule*, etc.

Le génie de la musique, les ailes repliées, décore le monument qui, de bas en haut, est revêtu des noms des visiteurs.

La ville de Catane fière d'avoir donné le jour à ce talent, vient de réparer un oubli de vingt-neuf années en demandant à la France de lui rendre les restes du grand musicien. Une souscription a été ouverte à Catane, pour l'érection d'un beau monument, et bientôt, grâce au consentement de l'Empereur, une commission se rendra à Paris pour emporter cette illustre dépouille.

Boieldieu. m. 48.
Rouen, 1775 — 1834.

Compositeur français, dont on ne cesse d'applaudir

la musique expressive et gracieuse dans tous ses opéras comiques, surtout dans celui de la *Dame Blanche*, son chef-d'œuvre.

Beau monument élevé à l'aide d'une souscription nationale; sur le devant est un médaillon et une lyre couchée.

Fourcroy (de). m. 48.
1755—1809.

Célèbre chimiste, membre de la Convention, du conseil des Cinq-Cents, de l'Institut, directeur général de l'Instruction publique, et conseiller d'État.

Buste de marbre.

Parny. m. 48.
1753—1814.

Poëte, membre de l'Institut, que ses élégies écrites d'un style pur et élégant et pleines de grâces, vives et naturelles, firent surnommer le *Tibulle français*.

Colonne quadrangulaire, brunie par le temps, n'ayant pour tout ornement qu'une petite couronne d'étoiles.

Saint-Pierre (Bernardin de). m. 48.
Le Havre, 1737—1841.

Grand écrivain, membre de l'Institut, auteur des *Études de la nature,* de *Paul et Virginie,* son chef-d'œuvre, des *Harmonies de la nature* et d'autres ouvrages universellement admirés ; posséda au plus haut degré le talent de peindre par l'expression, de charmer par la mélodie du langage, d'orner la morale par la grâce et d'animer les objets qu'il décrivit, par les inspirations d'une poésie émanée du sentiment religieux.

Brèche de marbre blanc couchée sur le sol.

Érard. m. 48.

Fabricant d'instruments de musique.
Sépulture de la famille.

Dugazon (Louise). m. 48.
1755—1821.

Femme du célèbre acteur du Théâtre-Français, excellente actrice de l'Opéra-Comique.

Gaveaux. m. 48.
Déc. 1825.

Compositeur, acteur.
Le Réveil du peuple, le Club des bonnes gens.

Coulon. m. 48.
Déc. 1836.

Pensionnaire de l'Académie royale de musique.

Toulmon. m. 48.

Directeur de la bibliothèque du Conservatoire de musique, auteur d'un ouvrage intitulé : *Histoire de la musique au moyen âge*.

Vincent. m. 48.
Déc. 4 août 1816.

Peintre d'histoire, membre de l'Institut.

Brongniart. m. 48.
1770—1847.

Fils de l'architecte qui repose à côté, ingénieur des mines, professeur d'histoire naturelle aux écoles centrales de Paris, directeur de la manufacture de Sèvres, professeur de minéralogie, membre de l'Institut.

Sépulture élégante, un beau vase décore le monument.

Brongniart (père). m. 48.
1739—1813.

Architecte français, célèbre par la construction d'un grand nombre d'édifices, parmi lesquels on distingue celui de *la Bourse*, convertit en cimetière la propriété du père Lachaise.

Pierre tumulaire avec bas-relief rappelant le monument de la Bourse.

Delille (Jacques, dit l'Abbé). m. 48.

Aigueperse, 1738—1813.

Poëte descriptif, membre de l'Académie française, traducteur en vers de Virgile et de Milton et auteur de plusieurs poëmes trop admirés par ses contemporains enthousiastes, et peu appréciés aujourd'hui.

Grand monument, sans caractère.

Dans l'enclos où se trouve cette sépulture, sur le devant, sont aussi les tombes de :

Laharpe. m. 48.

1739—1803.

Écrivain en vers et en prose, membre de l'Académie française. Ses tragédies et ses poëmes ne le classent pas bien haut, mais son cours de littérature lui assigne un rang distingué entre les bons critiques.

Saint-Lambert. m. 48.

Vézelise, 1717 — 1803.

Poëte et philosophe, de l'Académie française, auteur du poëme des *Saisons* et du *Catéchisme universel*, dans lequel on trouve une morale trop égoïste.

Dureau (de la Malle). m. 48.

Saint-Domingue, 1742 — 1807.

Érudit, membre de l'Institut, traducteur estimé de Tacite, de Salluste et de Tite-Live.

Boufflers (chevalier de). m. 48.

1737—1814.

Fut successivement abbé, militaire, administrateur, membre de l'Académie française et député de l'Assemblée constituante. Ses ouvrages comprennent des contes et des poésies légères, très-agréables, avec des discours peu récréatifs, sur le libre arbitre e sur la vertu.

Sabran (comte de). m. 48.

Et **Sabran** (comtesse de), devenue ensuite marquise de Boufflers.

Sur son tombeau on lit difficilement son épitaphe faite par elle et pour elle dès sa jeunesse.

Lesueur. m. 48.

1763—1837.

Célèbre compositeur français, auteur des deux opéras *la Caverne* et *les Bardes*.

Surintendant de la musique du roi, membre de l'Institut et des sociétés savantes et musicales d'Europe.

Buste d'Elshoecht.

Barbié du Bocage. m. 48.

1760—1825.

Savant géographe et antiquaire, membre de l'Institut, doyen et professeur de la Faculté des lettres de Paris.

Ginguené. m. 48.
Rennes, 1748—1815.

Littérateur et poëte, membre de l'Institut, auteur de l'*Histoire littéraire de l'Italie*, qu'il écrivit sous l'Empire, où il renonça à toute fonction politique, après avoir été directeur général de l'Instruction publique et ambassadeur à Turin, sous le Directoire.

Prévost. m. 48.
1787—1856.

Professeur de géologie à la Faculté des sciences de Paris.

Target (Jean-Baptiste). m. 48.
Déc. 1806.

Orateur éloquent, savant distingué, jurisconsulte profond.

Suard. m. 48.
Besançon, 1734—1817.

Ecrivain pur et plein de goût, secrétaire perpétuel de l'Académie française, se fit connaître par ses *Lettres* de *l'anonyme de Vaugirard*, sur Gluck et Piccini, traduisit Robertson, donna d'excellents *Mélanges de littérature* et refusa d'écrire pour justifier le jugement du duc d'Enghien.

Une colonne de marbre blanc.

Prévost. m. 48.
Déc. 1833.

Peintre, auteur des *Panoramas*.

Advisard (marquis d'). m. 48.
Déc. 1717.

Maréchal des camps et armées du roi, aide de camp de Mgr le prince de Condé.

Contades (comte de). m. 48.
6 janv. 1817.

Mort à l'âge de 31 ans, à la suite de *treize* blessures reçues à la bataille d'Essling.

Leblanc. m. 48.
Déc. 1835.

Professeur au Conservatoire des arts et métiers.
Buste de bronze.

Mercier. m. 48.

1740—1814.

Célèbre dramaturge, auteur du *Tableau de Paris*, du *Bonnet de nuit* et de la *Brouette du vinaigrier* ; membre de la Convention, de l'Institut et du conseil des Cinq-Cents.

—

Regnauld (comte). m. 48. Dit de *Saint-Jean-d'Angély*.

Parce qu'il fut député de cette ville aux États généraux ; rédigea, pendant la Révolution, un journal modéré, dut son salut à la chute de Robespierre, favorisa le coup d'État du 18 brumaire, devint président de section au conseil d'État, se distingua par ses talents oratoires qui le firent entrer à l'Institut, resta toujours fidèle à Napoléon, le servit dans les Cent-Jours, subit l'exil en 1815, et mourut à son retour en France.

Grand monument dépourvu d'ornements.

—

Chérubini. m. 48.

Florence, 1760 — 1842.

Célèbre compositeur italien, directeur du Conservatoire à Paris. Surintendant de la musique des rois Louis XVIII et Charles X. Auteur de messes, notamment la *Messe du sacre de Charles X*, et d'œuvres dramàtiques, telles que : *Lodoïska, Elisa, Médée, les Abencerages.*

Monument sévère avec un grand bas-relief allégorique.

Milanollo (Maria). m. 48.

Violoniste sympathique, morte dans la fleur de la jeunesse.

Sépulture arrangée par les soins de sa sœur Théréza, dont le souvenir est resté aussi dans le monde des dilettanti parisiens.

Habeneck. m 48.

Mézières, 1781 — 1849.

Ancien chef d'orchestre de l'Opéra, fondateur de la Société des concerts du Conservatoire.

Lakanal (Joseph). m. 48.

Serres (Ariége). Déc. 14 février 1845.

Membre de la Convention, membre de l'Institut.

Chopin. m. 48

Né en Pologne, décédé à Paris le 17 octobre 1849.

Musicien dont les œuvres sont empreintes d'une mélancolie adorable. (Mazurkas.)

La mélodie, sous la forme d'une jeune fille, penche

son front vers le mausolée. Ses mains accablées par la douleur soutiennent avec peine une lyre.

(Statue de Clesinger.)

Gareau (sépulture). m. 50.

Statue admirable, assise contre un pan de marbre blanc.

Chef-d'œuvre d'un inconnu.

Duport (Louis). m. 50.
Décédé 19 octobre 1853.

Ancien maître de ballets à Saint-Pétersbourg.

Buste de bronze sur un piédestal orné de deux jolies statuettes de Jean Petit.

Gohier (Jérôme). m. 50.
1746 — 1830.

Membre de l'Assemblée législative, fut président du Directoire en 1799, protesta contre le coup d'État du 18 brumaire, se retira des affaires et rédigea ses mémoires.

Beau médaillon de David d'Angers.

Denon (le baron), m. 50.
1747—1825.

Directeur général du Musée et membre de l'Institut, se rendit célèbre comme artiste et comme écrivain par son *Voyage dans la haute et basse Égypte pendant la campagne du général Bonaparte*, avec un Atlas dont il fit tous les dessins.

Magnifique statue en bronze de Cartellie.

Ravrio. m. 50.
Déc. 1814.

Bronzier et Poëte.

Buste et ornements de bronze.

Delambre, m. 50.
Amiens, 1749—1822.

Célèbre astronome, secrétaire perpétuel de l'Académie des sciences, mesura la méridienne de France. Outre ce travail, qui servit de base au nouveau système métrique, et décida la question de la figure de la terre, il écrivit une foule d'ouvrages importants sur l'astronomie d ntil fut le meilleur historien.

Soulié (Frédéric). m. 50.
Né dans le département de l'Ariége.

Célèbre romancier.

Les *Mémoires du Diable*, les *Deux Cadavres*.

Une simple croix de bois surmonte la tombe : encore une souscription à ouvrir pour l'érection d'un monument digne de ce nom.

Potier. m. 55.

1775—1838.

Célèbre acteur des Variétés; brilla, sans rival, dans le genre burlesque, et fut l'égal des meilleurs comiques par le naturel et la vérité de son jeu.

—

Lambert (le baron). m. 55.

Déc. 3 février 1839.

Lieutenant général des armées.

—

Golevine (comtesse de), née princesse Galitzin. m. 50.

—

Destutt de Tracy. m. 50.

Déc. 9 mars 1836.

Pair de France, maréchal de camp.

—

Montmorency (de), duc de Laval, m. 50.

31 mars 1817.

Lieutenant général des armées du roi.

—

Olivet (l'abbé d'). m. 50.

Salins, 1768—1862.

Grammairien et littérateur de l'Académie française, dont il a écrit l'histoire.

Borsa (sépulture). m. 49.

Grande brèche de marbre noir sur laquelle est plaqué un groupe d'enfants en marbre blanc.

—

Mulot. (Rose). m. 49.

Sépulture excentrique, formée d'un pan de mur couvert de cette réclame :

« *Se livra avec succès pendant 30 ans à l'art de guérir les yeux.*

» *Légua cent mille francs à l'hospice d'Auxerre.* »

—

Robertson, m. 51.

Liége, 1763 — 1837.

Aéronaute, physicien.

Espèce de chapelle d'un genre bâtard avec bas-relief, représentant l'*ascension d'un ballon* et une *apparition de fantômes*.

—

Pigault-Lebrun.

Fécond romancier. Auteur du *Citateur*, de la *Folie espagnole* et de *Monsieur Botte*.

—

Mars (Mlle). m. 53.

1778—1847.

Excellente comédienne du Théâtre-Français, surnommée *le Diamant ;* fit pendant quarante ans les délices du public, par le naturel de son jeu fin et délicat, par le charme de sa diction et par la suavité de sa voix.

Chapelle sans décoration et dans laquelle repose sa fille, Sophie Bronner.

Béclard. m. 53.

Professeur d'anatomie à la Faculté de médecine de Paris, chirurgien en chef de la Pitié.

Buste de bronze.

Plantade (Henry). m. 53.
Déc. 19 décembre 1838.

Ex-maitre de chapelle des rois Louis XVIII et Charles X, professeur au Conservatoire de musique.

Lesurques (Joseph). m. 53.
31 octobre 1796.

Victime de l'erreur des hommes !

(*Assassinat du Courrier de Lyon.*)

Sa réhabilitation a été demandée à la dernière session de la Chambre des députés.

Mausolée élevé à sa mémoire par sa veuve et ses enfants.

Bichat. m. 52.
1771—1802.

Médecin et physiologiste de premier ordre, enlevé, dans sa trente et unième année, à la science à laquelle il avait fait faire des progrès immenses.

Modeste sépulture.

Blandin. m. 52.

Docteur-médecin.

Médaillon d'Elshoecht.

Chénier (Marie-Joseph). m. 61.
Constantinople, 1764—1811.

Frère puîné d'André [Chénier le poëte, membre de l'Institut, devenu populaire par sa tragédie de *Charles IX*. Il fut membre de la Convention et des assemblées suivantes jusqu'en 1802, où son opposition républicaine le fit mettre de côté. Il revint alors à la littérature, moins ingrate pour lui que la politique, et y prit un rang élevé parmi les poëtes de son temps.

Navailles (comtesse de Girardin de). m. 51.
Déc. 1818.

Buste très-beau de marbre blanc.

Cuvier (Georges). m. 51.
Montbéliard, 1769 — 1832.

Un des plus grands, le plus grand peut-être des naturalistes, fut le créateur de la *Paléontologie* et fit faire des progrès immenses à l'anatomie comparée ainsi qu'à la géologie.

Cuvier (Frédéric).
1773—1836.

Frère puîné du précédent, auteur du *Dictionnaire des sciences naturelles* et d'un ouvrage très-intéressant sur l'instinct et l'intelligence des animaux.

Prony (Riche de). m. 51.
1755—1839.

Pair de France, membre de l'Institut.

Pontevès (de). m. 54.
Déc. 1841.

Ancien aumônier de Louis XVI, Louis XVIII et Charles X.

Crans (Saladin de). m. 51.

Membre du conseil d'État de la république de Genève.

Belles armoiries de bronze.

Royer-Collard (Antoine-Athanase). m. 54.
Médecin de talent.

Dulong. m. 54.

Rouen, 1786 — 1838.

Médecin, physicien, chimiste, membre de l'Académie des sciences, fit plusieurs découvertes, entre autres celle du chlorure d'azote.

Grosse pyramide avec un médaillon de David d'Angers.

Odiot. m. 55.

1783 — 1850.

Médaillon de marbre blanc.

Mouton. m. 55.

Bas-relief de marbre blanc. Des enfants sous la garde d'un ange.

Arago (François). m. 55.

Estagel, 1786 — 1857.

Célèbre astronome, directeur de l'Observatoire de Paris, secrétaire perpétuel de l'Académie des sciences, un des membres du gouvernement provisoire de 1848.

Monument élevé par une souscription nationale et étrangère.

Buste en bronze de David d'Angers.

Barthe. m. 55.

Narbonne, 1795 — 1863.

Sénateur, premier président de la Cour des comptes, membre de l'Institut, ancien avocat à la cour de Paris, ancien garde des sceaux, ancien vice-président de la Chambre des pairs.

Monument d'un style sévère.

Barilli. m. 55.

Déc. 26 oct. 1815.

Célèbre cantatrice italienne.

CINQUIÈME DIVISION.

Côté opposé (en traversant au-dessous du mur de la chapelle).

David (Louis). m. 56.

1748—1825.

Peintre qui ramena en France le goût des études sévères dans les arts d'imitation. La popularité qu'il obtint par sa belle esquisse du *Serment du jeu de paume*, le fit nommer membre de la Convention.

Le tombeau contient son cœur et les restes de sa femme.

Médaillon de bronze.

Neigre (le baron). m. 56.
La Fère, 1774—1847.

Lieutenant général d'artillerie, pair de France.

Chapelle supportée par deux canons de pierre avec encadrement de boulets.

Roederer (comte). m. 57.
Metz, 1754—1833.

Homme d'État, historien, économiste, de l'Académie des sciences morales, fut tour à tour constituant, procureur syndic de la commune, sénateur sous l'Empire, ministre des finances de J. Bonaparte à Naples, et pair de France sous Louis-Philippe. Ce fut lui qui provoqua l'abolition des ordres monastiques, et qui, au 10 août, engagea Louis XVI, dont il prit dès lors la défense, à se réfugier au sein de la Législative.

Grouchy (marquis de). m. 58.
1766—1847.

Servit avec distinction sous la République et l'Empire, reçut le bâton de maréchal de France dans les

Cent-Jours, pour avoir dissipé les partisans armés du duc d'Angoulême qu'il fit prisonnier ; fut chargé de poursuivre les Prussiens vaincus à Fleurus, afin d'empêcher leur jonction avec les Anglais et les laissa marcher sur Waterloo, où leur arrivée écrasa l'armée française.

Chapelle fort simple.

Lafare (Henri, marquis de). m. 57.
Déc. 1837.

Gentilhomme de la chambre du roi et petit-fils du poëte.

Musset (Alfred de). m. 57.
1810—1857.

Poëte français, membre de l' Académie, esprit charmant et original.

Lorenzaccio, Le Caprice, Frédéric et Bernerette, Mardoche, Namouna, Rolla, Les Nuits.

Le monument est orné d'un joli buste de Barre et ombragé d'un saule en souvenir de ces vers que l'on a gravés sur le marbre :

> Mes chers amis, quand je mourrai,
> Plantez un saule au cimetière;
> J'aime son feuillage éploré;
> La pâleur m'en est douce et chère,
> Et son ombre sera légère
> A la terre où je dormirai.

Tout récemment, un second saule, apporté de l'Amérique du sud par un Argentin, a été placé sur le devant du monument.

Poinsot (Louis). m. 57.
1777—1859.

De l'Institut de France, président du bureau des longitudes, sénateur.

Grand mausolée de marbre noir.

Fould (Achille). m. 57.

Sépulture fort belle en marbre blanc.

Dantan (Antoine-Joseph-Laurent). m. 57.
1762—1842.

Sculpteur de talent.

Monument de pierre et de marbre surchargé de décorations et d'attributs.

Visconti. m. 57.

Architecte de grand mérite.

C'est d'après ses plans qu'ont été exécutés les travaux d'achèvement du nouveau Louvre.

Commandeur de la Légion d'honneur et membre de l'Institut.

Statue à demi couchée tenant à la main le plan du nouveau Louvre, reproduit sur la face principale.

Berger (Jean-Jacques). m. 59.
Thiers, 1790—1859.

Sénateur, ancien préfet de la Seine.

Monpou (Hippolyte). m. 59.

Musicien d'un talent original et auteur de *Piquillo*, la *Chaste Suzanne* et *Lambert Simnel*, œuvre posthume.
Colonne de marbre noir.

Augereau. m. 60.

Général de la République, nommé sous l'Empire maréchal et duc de Castiglione en mémoire d'un de ses glorieux faits d'armes près de cette ville en 1796.
Belle chapelle.

Gisquet. m. 60.

Ancien préfet de police sous Louis-Philippe.

Dalloz (Armand-Pierre-Jean). m. 60.
1796—1857.

Avocat jurisconsulte.

Vernet. m. 60.

Artiste dramatique.

Debureau, m. 60.

Célèbre mime du théâtre des Funambules.

Là ne devrait pas se terminer la liste des hôtes illustres du *Père-Lachaise*.

Ce cimetière a aussi reçu les dépouilles de :

Monsigny.

Un des créateurs de l'opéra comique en France.

Vallayer-Coster (Mme).

Peintre de fleurs.

Jourdain.

Célèbre Orientaliste.

Ménageot.

Peintre d'histoire.

Astheley.

L'écuyer qui fit courir Londres et Paris.

Stouf.

Habile statuaire.

Yarlin.

Le traiteur auquel le gastronome de la Reynière concéda un brevet d'excellence dans l'art de faire les sauces.

Tortoni et sa femme.

Chéris des gourmets du boulevard des Italiens.

Pierre.

L'ingénieux inventeur du théâtre mécanique.

Et de bien d'autres encore.

Que sont devenues ces tombes? sont-elles allées déjà où doit aller toute chose, au néant?

CIMETIÈRE DU NORD

MONTMARTRE

Ancien Champ-du-Repos

Situation.—Boulevard de Clichy, près l'ancienne barrière Blanche.
Contenance. — Dix hectares environ.
Arrondissements. — Ier, IIe, VIII, IXe et X^e.
Omnibus.— De l'Odéon à Batignolles. Passant par la place du Palais-Royal et le boulevard des Italiens.

Au centre du boulevard de Clichy, et dans le coude, s'ouvre une avenue large, bordée aux deux côtés d'établissements renfermant les accessoires destinés aux sépultures et à leur ornementation. L'avenue mène à l'entrée du cimetière, dont la porte est flanquée à droite par les bureaux du conservateur, à gauche par les pavillons du concierge et du conducteur.

Le cimetière de Montmartre, presque aussi ancien

que le *Père-Lachaise,* n'offre pas au visiteur les mêmes impressions. — Ici, pas de larges horizons, de monuments à l'aspect grandiose ; mais, dans ce jardin de la mort, les allées sont ombreuses, et bien des mausolées présentent l'attrait d'une coquetterie mystérieuse qui met en éveil la curiosité.

Si les grands souvenirs n'abondent pas à Montmartre, la rêverie y est plus à l'aise, et le visiteur en peut sortir sans lassitude, emportant une pointe de mélancolie.

Au delà du champ principal et faisant suite, sur le versant opposé, en regard des coteaux d'Argenteuil, s'étend le cimetière des fosses temporaires et de la fosse commune.

Un instant suffit à l'œil pour parcourir le terrain bosselé, et percevoir l'impression que cause un fouillis formé par l'entrecroisement des tombes de la verdure et des croix de bois.

Enfin, au fond de la première enceinte, s'ouvre le cimetière israélite.

Telles sont les grandes divisions du cimetière du Nord.

Quant aux divisions secondaires et qui ne sont nécessaires que pour l'enclos principal, il est à regretter que l'administration n'ait pas encore fait placer des poteaux, à l'abord des avenues principales, pour indiquer leurs noms, qui ne sont guère connus que des gardiens et de quelques employés.

Voici les divisions, dont les noms sont empruntés,

soit à la configuration du sol, soit à des sépultures ou à des objets marquants :

  15 avenues,
  1 rond-point,
  2 buttes,
  12 chemins,
  35 massifs.

L'énumération de ces divisions se fait, en partant du haut du cimetière, à droite de l'entrée, et en allant vers le fond à gauche de la même entrée.

Côté droit.

1. Avenue des Polonais.
2. Avenue Principale : allant de l'entrée au rond-point.

Rond-point de la Croix.

3. Avenue du Buisson : du rond-point au mur.

Côté gauche.

4. Avenue Saint-Charles : à gauche de la porte d'entrée.

Butte Livry : à gauche du rond-point, près l'obélisque de la famille Coëtlogon.

5. Avenue de la Croix : en face la Croix.

Butte Céleste : côté opposé à la butte Livry, de l'autre côté de l'avenue de la Croix.

6. Avenue de la Cloche : de l'avenue du Buisson à l'allée de Montmorency.

7. Avenue Cordier : embranchement de l'allée de la Cloche, allant jusqu'au tunnel.

8. Avenue *transversale* de Montmorency : de l'extrémité de l'avenue Saint-Charles à l'extrémité de la terrasse de Montmorency.

9. Avenue du Puits : faisant suite à l'avenue de la Croix.

10. Avenue du Peuplier : suite de l'avenue de la Cloche, au-dessous de la terrasse de Montmorency.

11. Avenue de Montebello : partant du tunnel et aboutissant à une terrasse faisant face à l'allée de Montmorency.

12. Avenue *transversale* du Tunnel : de la tombe de Mme de Girardin au tunnel.

13. Avenue Circulaire : de l'avenue du Puits à l'avenue du Peuplier.

14. Avenue des Anglais : de l'allée Circulaire au coin droit du cimetière, en descendant.

15. Avenue des Carrières : coin droit du cimetière en descendant, aboutissant avenue Cordier.

CHEMINS.

Côté droit.

1. Chemin des Gardes : faisant suite à l'allée des Polonais.

2. Chemin de la Croix : en face la croix aboutissant au chemin des Gardes.

3. Chemin Prudent : entre l'avenue du Buisson et le chemin des Gardes.

Côté-gauche.

4. Chemin Saint-Éloi : à l'entrée, à gauche, entre le mur et l'avenue Saint-Charles.

5. Chemin *transversal* Baillot : de l'avenue Saint-Charles à l'avenue de la Croix.

6. Chemin Larmoyer : de l'avenue Principale à l'avenue de Montmorency.

7. Chemin Artot : de l'avenue de la Croix à l'avenue de la Cloche.

8. Chemin Polignac : partant de la sépulture de ce nom, au centre de l'allée de Montmorency, et s'enfonçant en remontant le cimetière dans le creux existant en amont de l'allée de Montmorency.

9. Chemin Israélite : en face l'avenue de la Cloche.

10. Chemin du Puits : de l'avenue de Montmorency, parallèle à l'avenue du Puits.

11. Chemin Saint-Nicolas : parallèle au mur du fond, aboutissant à l'avenue des Anglais.

12. Chemin des Carrières, parallèle à l'avenue des Carrières.

L'indication des sépultures dignes d'intérêt est faite d'après les allées, les chemins et les massifs, en allant du haut du cimetière vers le bas.

Nous indiquons de nouveau la signification des signes qui complètent ces indications :

r. *rang*. — c. d. *côté droit*. — c. g. *côté gauche*.

Coté droit du Cimetière.

AVENUE DES POLONAIS.

Massif 1.

Stempowski (Léon). r. 1, c. g.

Maréchal de la noblesse d'Usozca, fondateur des tombeaux polonais au cimetière Montmartre.

Inscription :

Qu'un vengeur se lève du sein de nos tombeaux.

Tombeau élevé par les exilés polonais à la mémoire des leurs.

CHEMIN DES GARDES.

Massifs 1, 2, 3.

Massifs 1 — partie du haut.

Mierzejewski (Nicolas). r. 2, c. g.

Né à Darow, 5 déc. 1787.—Mort à Paris, 25 nov. 1856.
Chef de l'insurrection de Nowogrodek.

Saint-Pern (le comte de). r. 2, c. g.

Mort à Paris 4 fév. 1839.

Député des Côtes-du-Nord.

Baudin. r. 2, c. g.

Né le 21 juillet 1785. — Mort le 7 juin 1854.

Amiral de France. Combat du *Renard*, 16 juin 1812. Saint-Jean d'Ulloa, 27 nov. 1838.

Muraire. r. 2. c. g.

Né à Draguignan 1750. — Mort à Paris 20 nov. 1837.

Conseiller d'État, premier président de la Cour de cassation sous l'Empire.

Massif 2. — Partie du haut.

Lurine (Louis). r. 2, c. g.

Mort à Paris, 30 nov. 1860. 48 ans.

Écrivain, auteur de charmantes nouvelles.

Robillard (le baron Jules). r. 1, c. g.

Vice-président de la Société des secours mutuels des ateliers d'Épernay (Marne).

Massif 3. — En partant du haut.

Van-der-Hœven. r. 1, c. d.

Mausolée artistique de très-bon goût.

Moreño de Mora. r. 1, c. d.

Monument de marbre blanc surmonté d'une croix.

Tousez (Alcide). r. 2, c. d.

Né à Paris 6 avril 1806. — Mort à Paris 23 oct. 1850.
Artiste dramatique, comique excellent.

Bouillé (marquis de). r. 2, c. d.

Mort 20 nov. 1850, 82 ans.

Général de division.

Lanrècisque (Léonard). r. 1, c. d.

Architecte du palais de l'ambassade de France à Contantinople.

Mausolée singulier, imitation des tombeaux égyptiens.

Haubérsant (comte d').

Né à Douai 22 janv. 1771. — Mort à Paris 5 av. 1855.
Pair de France.

AVENUE SAINT-CHARLES.

Massifs 5 et 6. — Côté gauche.

Hogdson (Henri). r. 1, c. g., m. 5.

Né le 24 fév. 1781. — Décédé le 8 mars 1855.

Lieutenant général au service de la Compagnie des Indes.

Marc (H). m. 6, r. 1, c. g.

Décédé en janv. 1840.

Premier médecin de S. M. le roi Louis-Philippe.

Plessis (Alphonsine). r. 4, c. g., m. 6.

Née le 15 janv. 1824. — Décédée le 3 fév. 1847.

Célébrité du demi-monde et héroïne du roman de M. Alexandre Dumas fils, *la Dame aux Camélias*.

CHEMIN SAINT-ÉLOI.

Massif 4.

Jollivet. r. 1, c. g.

Avocat à la cour de Paris, député, tué le 24 février 1848, sur la place de la Concorde.

Pons (marquis de). r. 2. c. g.

Lieutenant général, conseiller d'État, ambassadeur.

—

Grimaldi (comte de), d'Antibes. r. 3, c. g.

Décédé le 14 avril 1843.

De la famille des princes de Monaco.

—

Diaz (Émile). r. 3, c. g.

Mausolée orné d'un beau médaillon de bronze.

—

Thévenot de Saint-Blaise (baron). r. 4, c. g.

Ancien premier chirurgien ordinaire de LL. MM. Louis XVIII et Charles X.

—

Cottrau (Félix). r. 4, c. g.

Né le 6 mars 1797. — Mort le 16 déc. 1852.

Peintre, inspecteur général des beaux-arts.

—

Cauvain (Henri). r. 4, c. g.

Décédé le 14 octobre 1858, à Paris.

Avocat à la Cour impériale de Paris.

— 147 —

Véry (Jean-Baptiste). r. 6, c. g.

Mort le 21 janvier 1809.

Grand restaurateur du commencement de ce siècle.

Dazincourt (Albouy).

Né à Marseille 11 déc. 1747.—Mort à Paris 28 mars 1809.

Artiste de la Comédie-Française.

Et **Desbrosses** (Louise). r. 6. c. g.

Artiste de la Comédie-Française.

Rheinart (comte). r. 6, c. g.

Décédé à Paris le 25 déc. 1837, âgé de 76 ans.

Pair de France.

Bresson. r. 6, c. g.

Mort à Paris, le 13 mai 1843.

Député des Vosges, directeur général de l'administration des forêts.

Bouillon-Lagrange (Edme). r. 6, c. g.

Mort à Paris le 23 août 1844.

Directeur de l'École de pharmacie de Paris.

Croy (comte de), de Hongrie. r. 6, c. g.

Décédé à Paris le 13 janvier 1843.

SUITE DE L'AVENUE SAINT-CHARLES.

Massifs 21 et 20. — Côtés gauche et droit.

Vigny (Alfred comte de). r. 2, c. g., m. 21.

Né à Loches 1798. — Décédé à Paris le 17 sept. 1863.

Membre de l'Académie française, poëte, auteur dramatique, romancier, connu surtout par son roman historique de *Cinq-Mars* et son drame de *Chatterton*.

Bernard (baron). r. 1, c. d., m. 20.

Général de division, ancien aide de camp de l'empereur Napoléon Ier et de S. M. le roi Louis-Philippe, pair de France, ministre de la guerre.

« Le général Bernard est un des hommes les plus
» vertueux que je connaisse. »
Paroles de Napoléon.

Beaurepaire (marquis de). r. 1, c. d., m. 20.

Décédé à Paris le 10 juin 1834, à l'âge de 86 ans.
Pair de France.

Duval (Amaury). m. 20, r. 2, c. g.

Né à Rennes le 28 fév. 1760. — Mort à Paris
le 12 nov. 1838.

Membre de l'Institut, littérateur, antiquaire.

Naudet (Jean-Aimé). r. 2, c. g., m. 20.

Né à Paris le 9 juillet 1785.—Décédé le 29 mars 1847.

Maréchal de camp.

Barbantane (marquis de). r. 1, c. d., m. 20.

Décédé à Paris à l'âge de 74 ans.

Lieutenant général.

Carneville (comte de). r. 1, c. d,, m. 20.

Décédé à Paris le 1er mars 1837.

Lieutenànt général.

Bouchot (François). r. 2, c. d., m. 20.

Décédé le 7 février 1842, à Paris.

Peintre d'histoire.

CHEMIN LARMOYER.

Massifs 20, 19, 7 et 8. — Côtés gauche et droit.
(En remontant vers le rond-point.)

Du Vivier (baron). r. 2, c. d., m. 20.

Décédé le 10 juillet 1854.

Général de division.

Moges (Alphonse de). r. 2, c. g., m. 19.
Vice-amiral.

Girardin (comte de). r. 10, c. g., m. 19.
Général de division.

Bally (de). r. 1, c. g., m. 19.
Né le 30 nov. 1757. — Décédé à Paris le 18 mai 1847.
Maréchal de camp, baron de l'Empire.

Feuchère (Adélaïde). r. 1, c. g., m. 19.
Décédée le 10 juin 1845, à l'âge de 82 ans.
Veuve de Grimod de Lareynière.

Allois d'Herculaïs (comte d'), r. 1, c. g., m. 8.
Décédé à Paris 30 sept. 1842, à l'âge de 88 ans.
Maréchal de camp.

Colet (Raimond). r. 4, c. d., m. 7.
Musicien. Auteur des *Abencérages* et de quatuors.
Monument élevé par ses élèves, et orné d'un médaillon de bronze.

Remond (baron). r. 1, c. g., m. 8.
Né en 1761. — Mort le 24 juin 1843.
Général de brigade.

G. Roll. r. 4, c. d., m. 7.

Décédé à Paris le 20 fév. 1848.

Compositeur de musique. Lauréat de l'Institut.

—

Queignard de Valdené (J.-B.). r. 1, c. g., m. |8.

Décédé le 25 février 1843, à 84 ans.

Secrétaire particulier de S. M. Charles X.

—

AVENUE PRINCIPALE.

—

Massif 8. — Côté gauche.

Larmoyer. r. 1, c. g.

Monument orné d'un bas-relief.

—

Massif 8. — Angle de l'avenue Principale et du rond-point.

Cavaignac (Jean-Baptiste). r. 1, c. g., m. 8.

Mort à Bruxelles en 1823.

Député à la Convention.

—

Cavaignac (Godefroid).

Décédé en 1845.

Écrivain distingué.

Cavaignac (Eugène).
1802—1857.

Chef du pouvoir exécutif en 1848. Écrasa l'insurrection de juin et quitta noblement le pouvoir décerné à Louis-Napoléon par le suffrage universel.

Sépulture ornée de la statue en bronze de Cavaignac, par Rude (belle statue couchée qui est un vrai chef-d'œuvre).

Rond-point. — Côté gauche.

Vincent (baron). r. 1, c. g., m. 8.

Né à Valenciennes le 22 mai 1775. — Mort à Paris le 24 déc. 1844.

Lieutenant général.

BUTTE LIVRY.

A gauche du rond-point, au dessus de l'allée de la Croix.

Livry (Emma). r. 1, c. d.

Décédée en 1863, à l'âge de 21 ans.

Danseuse de l'Opéra, morte après avoir été brûlée à une répétition de la *Muette*. (C'est la tombe qui attire le plus de visiteurs.)

Joyeuse-Randon (comte de).

Décédé le 12 mai 1830.

Officier distingué.

AVENUE DE LA CROIX.

Massif 19. — Entrée par le chemin de la Croix. — Côté gauche en descendant.

Cagniard de Latour (Charles, baron). r. 1, c. g.

Déc. le 5 juillet 1859.

Membre de l'Institut.

Delespine. r. 1, c. g.

Déc. à Paris 16 septembre 1825.

Architecte, membre de l'Institut.

Segonzac (vicomte de). r. 1, c. g.

Déc. à Paris 13 août 1826.

Contre-amiral.

Dubois (Jean-Joseph). r. 2, c. g.

Déc. à Paris le 1er septembre 1830, à l'âge de 83 ans.

Chirurgien-dentiste du roi, membre de l'Académie royale de médecine.

AVENUE DE MONTMORENCY.

A partir de l'avenue de la Croix.

Massifs 18, 17, 14. — Côté droit.

Saxe-Cobourg-Gotha (prince de). r. 1, m. 18.

Né à Francfort-sur-le-Mein 4 mars 1809. — Décédé à Paris le 9 février 1832.

Inscription :

Les princes assis sur leurs tribunaux m'ont jugé ;
Les méchants, ils m'ont poursuivi, ils m'ont tué.

Montmorency-Luxembourg (Anne-Françoise-Charlotte de). r. 1, m. 18.

Née le 17 novembre 1752. — Décédée le 24 mars 1829.

Veuve du duc Léon de Montmorency.

Obélisque colossal.

Polignac (prince de). r. 1, m. 17.

Officier d'artillerie, écrivain de talent et auteur d'une traduction en vers français du *Faust* de Goëthe. — Membre de plusieurs sociétés savantes.

Sépulture d'**Houdetot**. r. 1, m. 14.
Chapelle monumentale.

Massifs 25 et 24. — Côté gauche devenu côté droit. — En redescendant.

Zenner. r. 1, c. g., m. 25.

Né à Dresde le 28 avril 1775. — Décédé à Paris le 23 janvier 1841.

Savant pianiste, ami de Haydn et de Beethoven.

—

Abrantès (duchesse d'). r. 1, c. g., m. 25. Épouse du général Junot.

Née à Montpellier 6 nov. 1784. — Décédée à Paris 7 juin 1838.

Auteur de nouvelles et de mémoires curieux.

Médaillon de David.

—

Ary-Scheffer. r. 1, c. g., m. 25.

Né à Dordrecht le 10 février 1795. — Décédé à Argenteuil le 15 juin 1858.

Peintre français habile dans l'art de la composition. Le tableau de *sainte Monique et de saint Augustin* et celui de *Françoise de Rimini* sont ses chefs-d'œuvre.

Dans le mausolée sont déposés les restes de :

Manin Daniel.

Né à Venise le 13 mai 1804. — Décédé à Paris le 22 septembre 1857.

Dictateur de Venise.

D'Emilia Manin.

Décédée à Paris en 1854.

Et de Theresa Manin.

Décédée à Marseille en 1854.

Ses filles dévouées.

Dans la chapelle se trouve une statue couchée.

Nourrit (Adolphe). r. 1, c. g., m. 25.

Né à Montpellier le 3 mars 1802. — Décédé à Naples le 8 mars 1839.

Grand chanteur de l'Opéra.

Médaillon-portrait.

Bérard. r. 1, c. g., m. 25.

Né à Lyon le 30 mars 1753. — Décédé à Paris le 11 septembre 1817.

Directeur de la Compagnie des Indes.

Massif 24.—Partie de la terrasse.

Claudin (Ferdinand). r. 1, c. g.

Fondateur de la Société philanthropique des arquebusiers de Paris.

Joli monument d'une simplicité exquise.

Sépulture **Bonjour**. r. 1, c. g,

Chapelle dont les décorations extérieures sont bizarres. Des crânes de mort servent de frange aux draperies.

Lagarde (Auguste, comte de). r. 2, c. g.

Mausolée avec épitaphe :

> Après soixante ans de combats,
> Je dors couché sous cette pierre.
> Dis sur ma tombe une prière,
> Passant, mais ne m'éveille pas.
>
> Comte DE LATOUR.

Benazet (Théodore). Sépulture. r. 3, c. g.

Écrivain de talent.

Mausolée d'un bel effet.

Sépulture du fils du marquis de Brignolle-Sale. r. 3.
Petit-fils du duc de Galliera, mort très-jeune à Paris.

En remontant l'allée de Montmorency, près la Cloche.

AVENUE DE LA CLOCHE.

Massifs 17, 14 et 15. — Cotés droit et gauche.

Magnin (Antoine). r. 2, c. d., m. 17.
Décédé le 22 novembre 1841, à l'âge de 60 ans.
Avocat à la Cour royale de Paris.

Bury (Fulgence de).
Né le 1er mars 1785.— Décédé le 23 juin 1845.
Auteur dramatique.

Deschamps (Nicolas). r. 2, c. d., m. 17.
Déc. le 21 janvier 1842.
Pensionnaire de l'Académie royale de musique.

Cinti Damoreau, née **Montalant**. r. 2, c. d., m. 17.
Née le 6 février 1801. — Décédée le 25 février 1863.
Chanteuse de grand talent; a longtemps brillé à l'Opéra-Comique. Professeur au Conservatoire de Paris.

Odry (Charles). r. 2, c. d., m. 15.
Mort le 28 avril 1853, dans sa 74e année.
Artiste du théâtre des Variétés.

Joinville (comte de). r. 2, c. d., m. 15.

Décédé à Paris le 14 janvier 1836 (64 ans).

Aide de camp de Mgr le duc de Bourbon.

—

Moreau. r. 1, c. g., m. 14.

Décédé le 7 mars 1835, à l'âge de 63 ans.

Ancien artiste de l'Académie royale de musique.

—

Marrast (Armand). r. 1, c. g., m. 14

St-Gaudens, 1802—1852.

Membre du gouvernement provisoire, maire de Paris, président de l'Assemblée nationale, écrivain de la *Tribune* et du *National*.

Constitution de 1848.

—

Heine (Henri). r. 2, c. d., m. 15.

Dusseldorf, 1787—1856.

Écrivain original, unit l'enthousiasme du poëte lyrique à l'ironie de l'humoriste. Ses œuvres offrent un singulier mélange de tristesse et de gaieté, de délicatesse et de cynisme, de passion et d'insensibilité; publia en 1826 les *Reisebilder*, en 1827 les *Lieder*; écrivit, à partir de 1830, dans la *Revue des Deux-Mondes*. Ses œuvres françaises sont : *Attastroll*, rêve d'une nuit d'été, *Lazare*, *Lutèce*.

Pennautier (comte de). r. 1, c. d., m. 15.
Déc. le 15 mai 1857.
Député au Corps législatif.

Sépulture **Daru.** r. 1, c. g., m. 15.
Grande chapelle au fronton de laquelle est la barrette de sénateur.

Greuze (Jean-Baptiste). r. 1, c. d., m. 15.
Déc. le 21 mars 1805.
Peintre célèbre de l'école française.
L'*Accordée de village*, la *Cruche cassée*, la *Petite Fille au chien*, etc., etc., sont des chefs-d'œuvre du genre.

Andréossy (comte). r. 2, c. d., m. 15.
Né le 2 octobre 1841, mort le 17 avril 1835.
Lieutenant général.

Massif 10.
Dujarrier. r. 2, c. d., m. 10.
Publiciste distingué; écrivait dans le journal *la Presse*, lorsqu'il fut tué malheureusement dans un duel qui donna lieu à un procès célèbre.

CIMETIÈRE ISRAÉLITE.

AVENUE PRINCIPALE.

Massif 12.

Bedarride (Marc). r. 1, c. g.

Déc. le 1er avril 1846.

Officier d'état-major de l'ancienne armée, grand dignitaire des puissances suprêmes de l'Ordre maçonnique de Misraïm, puissant grand commandeur des chevaliers défenseurs de la Maçonnerie, et possédant tous les rits.

Le mausolée est couvert de signes et figures symboliques.

Dorville (Armand). r. 1, c. d.

Président de la Société *la Bienfaisante israélite*.

Sépulture **Salomon Alphen**.

Faisant face à l'avenue Principale.

Halévy (Fromental). r. 1, c. g., au fond du cimetière.

Né à Paris le xxvii mai mdccxcix. — Mort à Nice le xvii mars mdccclxii.

Membre de l'Institut, secrétaire perpétuel de l'Académie des beaux-arts, professeur au Conservatoire impérial de musique, etc.

Auteur de la *Juive, Charles VI,* la *Reine de Chypre,* la *Fée aux Roses,* etc.

Reprise du cimetière chrétien.

AVENUE CORDIER.

Massifs 13, 14, 25 et 26.

Don José de la Crux. r. 2, c. g., m. 14.

1772—1852.

Lieutenant général.

Hurault de Sorbée. r. 2, c. g., m. 14.

Déc. le 15 novembre 1850.

Général de brigade.

Johannot (Alfred). r. 1, c. d., m. 13.

1800. — Déc. en 1837.

Peintre français, l'*Arrestation du marquis de Craspière. François I*er *prisonnier à Madrid, visité par Charles-Quint.*

Johannot Tony. r. 1, c. d., m. 13.

1803. — Déc. en 1852.

Compositeur de charmantes vignettes, dont il illustra d'une façon très-remarquable différents ouvrages dont les premières éditions sont aujourd'hui fort recherchées.

Ritt (Georges). r. 1, c. d., m. 13.

Déc. le 10 janvier 1864.

Inspecteur général de l'Université, auteur de plusieurs ouvrages très-estimés sur les mathématiques.

Launer (J.-M.-L.). r. 1, c. d., m. 13.

Premier violon de l'Opéra.

Rapatel (Paul-Marie). r. 2, c. g., m. 14.

1782—1852.

Général de division.

Hautpoul (Charles, marquis d').

Déc. le 10 mars 1853, à l'âge de 81 ans.

Maréchal de camp.

Maisonfort (marquis de la). r. 3, c. d., m. 26.

Déc. le 25 mars 1848.

Général de division.

Bois-le-Comte (comte de). r. 3, c. d., m. 26.
Déc. le 9 mars 1863.

Ancien ambassadeur.

—

Murger (Henry). r. 1, c. d., m. 26.
Né en 1822. — Mort en 1861.

Charmant écrivain.
Auteur de la *Vie de Bohême*.
La statue de la jeunesse, jetant des fleurs sur son tombeau, est de Millet.

—

Garaudé (A. de). r. 1, c. g., m. 25.
Né le 21 oct. 1821. — Déc. le 6 août 1864.

Compositeur, chef du chant à l'Opéra-Comique.

—

Vestri dit **Vestris** (Marie-Jean). r. 1, c. d., m. 26.
Déc. le 5 déc. 1842, à l'âge de 82 ans.

Pensionnaire de l'Académie royale de musique. Célèbre danseur.

—

Bouzet (baronne du). r. 2, c. d., m. 26.
Morte le 22 juillet 1853, à l'âge de 82 ans.

Première surintendante de la maison impériale Napoléon de Saint-Denis.

Rullière (Joseph-Marcellin). r. 7, c. d., m. 26.

Né le 9 juin 1787. — Déc. le 24 août 1863.

Général de division.

AVENUE DU TUNNEL.

Près l'entrée. — Massifs 26 et 29.

Varner (Antoine-François). r. 1, c. d., m. 26.

1790 — 1854.

Auteur dramatique.

Briot de la **Mallerie**. r. 1, c. g., m. 29.

Curé de Saint-Philippe du Roule.

Garneray (L.). r. 2, c. g., m. 29.

Déc. en 1857.

Peintre de marine, écrivain et auteur de : *les Pontons ou dix ans de captivité*. — Voyages, aventures et combats. — Souvenirs de la vie maritime.

AVENUE DE MONTÉBELLO.

Massifs 26 *et* 27.

Côté droit. — Massif 26.

Jars (Antoine-Gabriel). r. 1.

Né à Lyon 10 janvier 1774. — Déc. à Paris 16 mars 1857.

Député du Rhône.

Adam (Adolphe). r. 1.

1803 — 1856.

Élève de Boieldieu. Sa musique se distingue par la fraîcheur, la grâce et la correction, a composé : le *Châlet* (1834), le *Postillon de Lonjumeau* (1836), *Gisèle*, ballet délicieux (1841), le *Torréador* (1849), *Giralda* (1850), le *Corsaire* (1856), etc.

Planche (Gustave). r. 2.

Critique d'un grand talent.

Epitaphe :

> *Dormiat inter florés,*
> *Vigilavit inter spinas.*

Chevallier (Charles).
1804 — 1859.

Opticien célèbre, premier constructeur de microscopes achromatiques, et auteur de travaux remarquables sur l'optique.

Mozin (Charles). r. 1.
1806—1862.

Peintre.

Delaroche (Paul).
1797—1856.

Peintre d'histoire, venu au moment où le goût de l'antique s'en allait rajeunir l'art en traitant des sujets modernes, et en s'attachant à la représentation du vrai plutôt qu'à celle de l'idéal et de l'héroïque. Les *Enfants d'Édouard*, l'*Hémicycle des Beaux-Arts*.

Monument sculpté par M. Duban (Alix); tombe ornée avec goût. Le nom rayonne au centre d'une couronne d'étoiles.

Kamienski (Miécisla). r. 1.

Soldat volontaire français tué à Magenta.

Ce mausolée, qui est un des plus visités, est surmonté d'une statue couchée par Eck et Durand.

Côté gauche du Cimetière.

Massif 27. — Côté gauche, en redescendant.

Mozin (Théodore). r. 1, c. g.

Né le 25 janvier 1818, mort le 16 nov. 1850.

Professeur au Conservatoire de musique.

Lannes (duc de Montebello, maréchal). Maréchal de l'Empire.

Né à Lectoure en 1769; mort en 1809, à Esling.

Campagne d'Italie.
Victoire de Montebello.

Le monument ne renferme que le cœur, le reste du corps est au Panthéon.

Sépulture **Leperre** et **Hittorf**.

Architectes de l'église Saint-Vincent de Paul.

Leperre éleva en 1805 la colonne de la place Vendôme.

Soltikoff. Sépulture de la princesse.

Tufiakin. Sépulture du prince.
Maître de la cour de S. M. l'empereur de Russie.

Rigny (de). r. 2.
1835—1853.
Vice-amiral.

Blache. r. 1. Docteur-médecin.

Bineau (Jean Martial). r. 2.
Né à Gênes (Maine-et-Loire) le 28 mai 1805.—Déc. à Chatou le 8 sept. 1855.

Sénateur, député, ancien ministre du commerce et des travaux publics.

Conversion de la rente 1852.
Refonte des monnaies de bronze, 1852.
Emprunt par souscription publique, 1854.

CHEMIN DES CARRIÈRES.

Côté gauche du Tunnel. — Massifs 28 et 29.

Héroult. r. 1, c. d., m. 28.
Peintre de paysages et de marine.

Odiot (Alphonse). r. 1, c. g., m, 29.
1800—1859.

Commerçant artiste.

Vanderberghe (Auguste). r. 1, c. d., m. 28.
1708—1853.

Peintre d'histoire.

Sépulture **Ledoux**. m. 28.

Grenadier tué en 1839.

Ce mausolée est placé sur le terrain affecté par la ville de Paris, à la sépulture des victimes du 12 mai 1839. (Dans l'encoignure du mur.)

AVENUE DES CARRIÈRES.

Massifs 29, 31, 30.

Germanowski (Jean-Paul). r. 3, c. g., m. 29.

Né le 25 juin 1779, mort à Paris le 15 avril 1862.

Baron de l'Empire, général, compagnon de Napoléon Ier à l'île d'Elbe.

Slowaki (Jules). r. 1, c. g., m. 29.

Né le 23 août 1809, déc. le 3 avril 1849.

Poëte (*Mazeppa, Lilia, Weneda*).

Debret. r. 1, c. g., m. 29.

18 avril 1768—11 juin 1848.

Membre correspondant de l'Institut.

Sépulture di **Marchése,** di **Ripa, Duca** di **Compochiaro**
e di **Castelpagano.** r. 1, c., g. m. 29.

Mort à Paris le 5 mars 1858.

Leclère. c. d., m. 30.

Déc. le 29 oct. 1861.

Artiste du théâtre des Variétés.

Avenel (Aline). c. d., m. 30.

Actrice du Théâtre-Français.

Warkowicz (Valentin). r. 1, c. d.; m. 30.

Déc. le 12 mai 1842.

Peintre polonais.

AVENUE DU TUNNEL.

Massif 25.

Sépulture **Moreau**. c. g., m. 25.

Magnifique croix de pierre ornée d'un lierre naturel.

Gros. c. g., m. 25.

Déc. le 25 octobre 1859.

Consul de France.

Scotti. c. g., m. 25.

Mausolée orné d'une jolie mosaïque représentant une tête de Vierge.

Feutrier (baron). c. g., m. 25.

3 juillet 1787 — 24 juin 1861.

Ancien pair de France.

Sépulture **Bruzzesi**. c. g., m. 25.

Charmant médaillon de marbre blanc, reproduisant une tête de jeune femme.

Korte. c. g., m. 25.
Déc. le 28 février 1862.
Général de division, sénateur.

—

Dubois de Baïs (sépulture du baron). c. g., m. 25.
Joli monument en pierre grise.

—

Rosily (sépulture du marquis de).
Mausolée original décoré de cette singulière devise :
« *Point gehennant point gehenné.* »

—

AVENUE DU PEUPLIER.

—

Côté gauche.

Massifs 25 et 24.

Colon (Jenny-Marguerite). r. 1, c. g., m. 25.
Artiste d'un grand talent.

—

Bonnet (Ferdinand). r. 1, c. g., m. 25.
Déc. le 6 décembre 1839.
Bâtonnier de l'ordre des avocats.
Conseiller à la Cour de cassation.

Chambellan. r. 2, c. g., m. 25.
Né le 10 février 1810, décédé le 16 décembre 1845.
Peintre d'histoire.

Côté droit.

Lefour. r. 4, c. d., m. 24.
1er février 1803 — 27 août 1863.
Inspecteur général de l'agriculture.

AVENUE CIRCULAIRE.

Jusqu'à l'avenue des Anglais. — Massif 30.

Fourier (Charles). r. 2, m. 30.
Besançon, 1772 — Paris, 1817.
Fondateur de l'*École sociétaire ou phalanstérienne*.

AVENUE DES ANGLAIS.

Partie du massif 34.

Perkins (William). r. 2.
Déc. le 8 mars 1849, à l'âge de 70 ans.
Lieutenant général anglais.

Clarac (comte de). r. 2.

Déc. le 20 janvier 1847.

Conservateur des antiques du Louvre.

—

Romagnesi. r. 1.

Mort le 9 janvier 1850, à l'âge de 68 ans.

Compositeur, auteur de romances autrefois en vogue.

—

CHEMIN SAINT-NICOLAS.

—

En tournant sur la gauche. — Massifs 34 et 35.

Deloffre. r. 1, c. g., m. 34, p. A.

Né le 28 septembre 1780, mort le 2 février 1864

Contre-amiral.

—

Fleurquin. r. 1, c. d., m. 35, p. B.

Somnambule d'une grande lucidité.

Curieux monument surmonté d'un médaillon et élevé par les défenseurs du magnétisme, dont les noms sont inscrits sur une plaque.

Damiron (J.-Ph). r. 1, c. d., m. 35.

Déc. le 11 janvier 1862, à l'âge de 68 ans.

Écrivain et penseur. — Membre de l'Institut, professeur de philosophie à la Faculté des lettres de Paris.

—

Aycard (Marie-Joseph). r. 1, c. g., m. 34, p. B.

Né à Marseille le 9 novembre 1794 — mort à Paris le 6 juin 1859.

Littérateur.

—

Fleury (Elisa). r. 9, m. 35.

Auteur de poésies et chansons, dédiées en partie aux travailleurs.

Mausolée d'une originalité charmante : la tête d'une bonne vieille femme apparait à une fenêtre sur le rebord de laquelle sont posés des oiseaux.

—

Reprise de l'avenue Circulaire.

En tournant sur la gauche. — Massif 34, parties B et 32.

Hurel (baron). r. 1, c. d., m. 32.

Né le 5 juin 1774; décédé à Paris le 6 mai 1847.

Lieutenant général.

Picot. r. 3, c. d., m. 32.
16 décembre 1855.
Général du génie.

Goubaux. r. 4, c. g., m. 34, p. B.
Né le 11 juin 1795, décédé le 31 juillet 1859.
Fondateur du collége Chaptal.

Sépulture **Ledagre.** r. 3, c. d., m. 32.
Déc. en 1857.
Président du tribunal de commerce de la Seine.
Obélisque de pierre grise.

Montalembert (marquis de). r. 1, c. g., m. 34, p. B.
Déc. à Paris; le 27 mars 1800.
Lieutenant général du génie. — Membre de l'ancienne Académie royale des sciences de Paris.

Grassot (Antoine). r. 13, c. g., m. 34, p. B.
Mort à Paris le 17 janvier 1860, à l'âge de 59 ans.
Artiste dramatique. — Comique du Palais-Royal.
Le Voyage sentimental.

Querangal (de). r. 2, c. g., m. 34, p. B.
Né le 15 décembre 1758, décédé le 27 août 1840.
Contre-amiral.

—

Stiévenart. r. 4, c. g., m. 34, p. B.
Né à Commercy 24 novembre 1794. — Décédé à Paris le 16 mai 1860.
Membre correspondant de l'Institut de France.

—

Ducange (Victor). r. 2, c. g., m. 34, p. B.
Déc. le 25 octobre 1833, à l'âge de 49 ans.
Auteur d'un grand nombre de romans, de drames et de mélodrames qui eurent beaucoup de vogue.

—

Thomire. r. 2, c. g., m. 32, p. b.
Fondateur d'une des premières fabriques de bronze, en 1776.
Monument surmonté de son buste, élevé par les ouvriers réunis de la fabrication du bronze.

—

Micheau. r. 3, c. d., m 3º.
Déc. le 18 juillet 1851.
Artiste de la Comédie-Française.

Reprise de l'avenue du Tunnel.

En tournant sur la droite. — Massifs 32 et 24.

Vichery (baron). r. 1, c. d., m. 32.

Déc. le 22 avril 1841, à l'âge de 74 ans.
Lieutenant général.

—

Montès (abbé). r. 3, c. g., m. 24.

Déc. le 13 janvier 1856.

Ancien aumônier de Mme la Dauphine, ancien aumônier général des prisons de la Seine.

—

Daviel. r. 5, c. g., m. 24.

1800—1856

Sénateur, ancien ministre de la justice.

—

AVENUE DU PUITS.

—

En tournant à droite. — Massifs 24 et 23.

Gay (Delphine), épouse Émile de Girardin.
r. 1, c. d., m. 23.

Aix-la-Chapelle, 1805—1855.

Femme distinguée par son esprit et ses talents littéraires. *Essais poétiques, Napoline,* 1833, charmant poëme; cultiva le roman, *le Lorgnon ;* la comédie, *la Joie fait peur;* la tragédie, *Judith ;* elle écrivit, de 1836 à 1839, pour le feuilleton de la *Presse,* sous le pseudonime du vicomte de Lonlay, des *Courriers de Paris,* qui eurent beaucoup de succès. Le portrait de madame de Girardin se retrouva dans ce vers de *Napoline,* l'œuvre de sa jeunesse :

Naïve en sa gaieté, rieuse et point méchante.

Bougainville (baron de). r. 1, c. d., m. 23.

Né à Brest le 26 décembre 1781. — Décédé à Paris le 10 octobre 1846.

Contre-amiral.

Gautier (Jean-Élie). r. 2, c. g., m. 24.

Né à Bordeaux le 6 octobre 1781. — Décédé à Paris le 30 janvier 1858.

Sénateur. S.-R. de la Banque de France.

Travot (baron). r. 1, c. d., m. 23.

Né à Poligny 7 janvier 1767. — Décédé à Paris 7 janvier 1836.

Lieutenant général.

« *Aux enfants du brave et vertueux général Travot.* »
(Testament de Napoléon à Sainte-Hélène.)

Le Coupé. r. 1, c. g., m. 24.
Déc. le 19 septembre 1840.
Contre-amiral.

—

Caussidière. r. 2, c. g., m. 24.
Ancien préfet de police en 1848.

—

Reprise sur la droite de l'allée de Montmorency.
Entrée chemin du Puits. — Massifs 21, 22 et 23.

Baron **Dommauget.** c. g., m. 21.
Déc. le 10 fév. 1848.
Lieutenant général.

—

Sépulture **Lavallée.** r. 1. c. d., m. 23.
Chapelle gothique richement ornementée et enrichie de beaux vitraux.

—

Sépulture de la communauté des Sœurs Hospitalières de Nevers. r. 1, c. d., m. 23.

—

Auvity. r. 1. c. d. m. 23.
Déc. le 11 avril 1860.
Général de division.

Mausolée **Inès Feydeau**, née Blanqui. c. g., m. 22.

D'une adorable simplicité.

—

Jadin. c. g., m. 22, près le mur.

Né le 22 sept. 1768.—Déc. le 11 avril 1853 à l'àge de 86 ans.

Compositeur de musique, gouverneur des pages de la musique du roi.

—

Retour à l'allée Montmorency, et reprise de l'avenue de la Croix.

Massifs 18, 16 et 10. — Côté gauche. — En remontant vers le rond-point.

Billecoq. r. 1, m. 18.

Né à Paris le 31 janvier 1765.—Déc. à Paris le 15 juillet 1829.

Ancien bâtonnier de l'ordre des avocats de la Cour royale de Paris.

—

Lenormant (Charles). r. 2, m. 18.

Mort à Athènes le 22 nov. 1849.

Membre de l'Institut, professeur au collége de France.

—

Sépulture **Caccia.** r. 1, m. 16.

Sépulture **Fournier**. r. 1, m. 16.

Niquet (Paul). r. 1, m. 16.
64 ans.

Marchand de vin, rue aux Fers. Rendu célèbre par les romans d'Eugène Sue.

CHEMIN ARTOT.

En tournant à gauche. — Massifs 10 et 9.

Comte **Bidé de Maurville**. r. 1, c. g. m. 10.
Déc. le 11 mars 1860, à l'âge de 88 ans.
Contre-amiral.

Soumet (Alexandre). c. g., m. 10.
Castelnaudary, 1785. Paris, 1845.

Poëte, membre de l'Académie française, auteur de neuf tragédies, de la *Divine Épopée*, du poëme de *Jeanne d'Arc*, de la touchante élégie de la *Pauvre fille*.

Comte de **Sparre**. r. 1, c. g., m. 10.
Né le 8 juillet 1780.—Décédé le 9 juillet 1845.
Pair de France.

De Lambert (Théaulon).

Né à Aigues-Mortes 14 août 1787.— Déc. à Paris
Auteur dramatique.

De Planard. r. 3, c. d., m. 9.

Né le 4 fév. 1815, déc. le 13 nov. 1853.

Auteur dramatique, composa les paroles de plusieurs opéras comiques, entre autres le *Pré aux Clercs*.

Artot. c. d., m. 9.

Né le 15 janv. 1815, déc. le 28 juil. 1845.

Violoniste et compositeur.

Buste et bas-relief.

BUTTE CÉLESTE.

En montant l'escalier près le mausolée d'Artot.

Massif 9. — Faire le tour de la butte, en allant sur la droite.

Sépulture de la marquise Henriette **de Lawœstine**, née baronne de Cetto.

Baron **Sané.**

Inspecteur général du génie maritime, membre de l'Institut.

Sépulture monumentale de la famille **Séveste**.

Baron Ramond.

Né à Strasbourg le 4 janv. 1755. — Mort à Paris le 14 mai 1827.

Conseiller d'État, membre de l'Institut.

Marquis de Bouthilier-Chavigny.

Déc. le 5 oct. 1829, à 54 ans.

Conseiller d'État, directeur général des eaux et forêts.

Bazaine.

Déc. le 28 sept. 1838, à l'âge de 52 ans.

Lieutenant général du génie.

Baron d'Abaucourt.

Déc. le 30 mars 1832, âgé de 69 ans.

Lieutenant général.

Morissot.

Déc. à Versailles, le 1er oct. 1821, à l'âge de 51 ans.

Architecte des bâtiments de l'empereur Napoléon Ier et du roi Louis XVIII. Auteur d'ouvrages sur les bâtiments.

-|Sépultures de la famille **Ségur d'Aguesseau**.

Sépulture de la comtesse **Philippe Ségur d'Aguesseau,**
fille du comte de Lucay.

Sépulture du marquis **Philippe d'Aguesseau.**
Né à Paris, le 20 janv. 1724. — Déc. le 8 août 1801.

Maréchal de France, ministre d'État, gouverneur du comté de Foix, chevalier des ordres du roi.

Beau monument du baron de **Mazeau.**
Né à Nantes, le 11 janv. 1775. — mort à Paris
le 26 janv. 1829.

Intendant militaire.

Baston.
Né à Paris le 2 janv. 1798. — Mort à Versailles
le 15 oct. 1855.

Compositeur de musique, lauréat de l'Académie des beaux-arts, membre du comité des études au Conservatoire impérial de musique et de déclamation, inspecteur général des écoles succursales.

Gau (F.-C.)
1789—1853.

Architecte de l'église de Sainte-Clotilde, écrivain et savant.

Comte de **Durfort**.

Né à Paris le 3 oct. 1753.—Décédé le 2 mars 1839.

Pair de France, lieutenant général, ex-gouverneur du château de Rambouillet.

—

Sépulture de la princesse de **Troybetzkoï**.

—

En retournant par l'escalier Artot. — Reprise de l'allée de la Cloche.

En descendant jusqu'au chemin des Israélites. Et partant de ce point en remontant les massifs 11 et 9.

Girard (Narcisse). r. 4, c. g., m. 11.

1797—1860.

Compositeur de musique, premier chef d'orchestre de la musique de l'empereur et de l'Académie impériale de musique, professeur de violon au Conservatoire.

—

Bœly (F.). r. 6, c. g., m. 11.

Organiste compositeur.

—

Massimino (Frédéric). r. 3, c. g., m. 11.

Né à Turin 6 déc. 1777.—Mort à Paris le 15 mai 1838.

Compositeur de musique.

Dupont-Delaporte (baron). r. 1, c. d., m. 9.

Déc. le 1er sept. 1854.

Pair de France.

—

Zakrzewski (Valentin). r. 8, c. g., m. 11.

Né à Varsovie.—Mort à Paris le 17 janv. 1862, âgé de 40 ans.

Homme de lettres.

—

Sépulture colossale de la famille **Blasini**.

Menneval (François baron de). r. 1, c. d., m. 8.
1778—1850.

Secrétaire intime de l'empereur Napoléon Ier.

—

Denise, r. 1, c. g., m. 11.

Déc. à Paris le 17 janv. 1861.

Professeur des pages de l'empereur, homme de lettres.

—

CHEMIN PRUDENT.

—

En suivant directement. — Massifs 1 et 2.

Prudent (E.). r. 1, c. g., m. 11.

Pianiste, compositeur (les *Trois Rêves*).

Roberechts (André).

1798—1860.

Violoniste.

Monument élevé par ses élèves et amis.

En s'en retournant par l'avenue du Buisson. — Rond-point. — A gauche.

Ruggieri. r. 1, m. 2.

1771—1841.

Artificier du roi.

Cazot. r. 1, m. 2.

Compositeur. — 1er grand prix en 1812.

Sépulture Lapie-Porquereille.

Fort gracieuse.

En tournant à gauche, au fond de la petite allée à droite. — Deuxième rang.

Sépulture avec le médaillon de la mère de **Decamp** le peintre.

ROND-POINT.

Côté gauche.

Sépulture de la famille Gérard de **Fernic**.

ROND-POINT.

Côté droit.

Près l'escalier de la butte Livry.

Grand obélisque de la famille de **Coetlogon**.

Avenue Principale. — Sortie.

CIMETIÈRE MONTPARNASSE

BOULEVARD DE MONTROUGE

Contenance. — Dix hectares environ.
Arrondissements. — V^e, VIe, VIIe, XIIIe et XIVe.
Configuration. — Vaste pentagone. Au nord, boulevard de Montrouge; à l'est, boulevard d'Enfer; au sud, rue du Champ-d'Asile; à l'ouest, immeubles ayant façade sur la rue de la Gaieté.
Omnibus. — De la gare du Nord à la barrière du Maine. De la gare de Strasbourg à Montrouge, par les boulevards de Sébastopol.

Le cimetière Montparnasse, établi dans une plaine, n'offre ni accidents de terrain ni points de vue. Ses dispositions sont toutes régulières, et à l'intérieur les allées se coupent toujours à angle droit.

Au centre seulement existe une allée circulaire.

Toutes les allées sont bordées d'arbres de haute tige, dont le feuillage épais protége le visiteur contre les ardeurs du soleil.

Une partie du cimetière était autrefois réservée aux

condamnés à mort, qu'on exécutait sur la place Saint-Jacques, près l'ancienne barrière de ce nom. Fieschi, Pepin et Morey, les auteurs de la machine infernale dirigée, en 1836, contre la vie du roi; le régicide Alibaud; les assassins du général Bréa, ont été inhumés à Montparnasse. Les tombes des suppliciés de nos jours sont disséminées, afin de les soustraire à la curiosité publique.

DIVISIONS. — Le cimetière se divise en trois parties principales.

La première enceinte, qui contient :

A droite, en entrant, un petit nombre de sépultures catholiques, puis le cimetière des Sœurs de Saint-Vincent-de-Paul, séparé par une grille de fer; enfin, tout à fait sur la droite, le cimetière israélite divisé en deux enclos.

A gauche, en entrant, est placée la guérite du conducteur; plus loin, l'habitation du contrôleur.

La deuxième enceinte est la partie vraiment intéressante du cimetière Montparnasse.

Elle renferme 19 massifs ou plates-bandes, 15 allées et quelques sentiers.

A l'entrée, à droite, est la chapelle des aumôniers; à gauche, l'habitation du concierge.

Allées.

Les noms des allées ont été empruntés à des monuments ou à des constructions qui s'y rencontrent.

Entrée.

Allée principale ou du Rond-Point, de l'entrée au Rond-Point, du Rond-Point au mur de face.

Côté droit. — Sept allées.

Allée de l'Aumônier, de l'entrée à l'allée Dumont-d'Urville.

Allée Dumont d'Urville, de l'allée de l'Aumônier à l'allée de Vallombreuse.

Allée Serrurier, de l'allée Dumont-d'Urville à l'allée du Rond-Point.

Allée Rochechouart, de l'allée Serrurier à l'allée de la Tour.

Allée Transversale (côté droit), de l'allée Dumont-d'Urville à l'allée du Rond-Point.

Allée de la Tour, de l'allée Dumont-d'Urville à l'allée du Rond-Point.

Allée de Vallombreuse (côté droit), de l'allée Dumont-d'Urville à l'allée du Rond-Point.

Côté gauche. — Sept allées.

Allée Saint-Maurice, de l'entrée à l'allée Boulay.

Allée Boulay, de l'allée Saint-Maurice à l'allée de Vallombreuse.

Allée Molé-Gentilhomme, de l'allée Boulay à l'allée du Rond-Point.

Allée Daguesseau, de l'allée Molé à l'allée d'Abrantès.

Allée transversale (côté gauche), de l'allée Boulay à l'allée du Rond-Point.

Allée d'Abrantès, de l'allée Boulay à l'allée du Rond-Point.

Allée de Vallombreuse (côté gauche), de l'allée Boulay à l'allée du Rond-Point.

La partie qui s'étend sur la gauche, et forme la troisième division, comprend le cimetière des terrains non concédés et de la fosse commune.

Première enceinte (1).

A droite.

CIMETIÈRE ISRAÉLITE.

Rien de remarquable.

---

(1) Signes abréviatifs.

c. d. Côté droit.
c. g. Côté gauche.
m. Massif.
r. Rang.

CIMETIÈRE DES SOEURS DE SAINT-VINCENT-DE-PAUL.

Rosalie (Sœur). r. 1, derrière la grille.

La providence des pauvres et des malades. Décorée de l'ordre de la Légion d'honneur.

Allée. — Côté droit.

Martin. r. 1, sépulture.

Fils de Henri Martin, notre grand historien; enlevé à la fleur de l'âge au moment où il donnait les plus belles espérances.

Martin (Léon).

Paris, 8 juin 1837. Paris 10 avril 1861.

Artiste peintre.

Petit (général). r. 1.
1772—1856.

Buste sculpté par Boitel.

Sépulture **Duclère.** r. 1.
Beau monument de marbre blanc.

Deuxième enceinte.

Allée de l'Aumônier. — Massifs 1 et 2.

Capuron (Joseph). c. g., m. 2, r. 2.
Déc. à Paris 23 avril 1850.
Membre de l'Académie de médecine de Paris.

Boucher-Desnoyers (baron). c. d., m. 1, r. 1.
Déc. à Paris 16 février 1857.
Membre de l'Institut, ancien premier graveur du roi, conseiller des musées royaux.

Espercieux. c. g., m. 2, r. 1.
Marseille 22 juillet 1857. — Paris 19 mars 1840.
Statuaire.
Médaillon de David.

Poislè-Desgranges (Damien). c. g., m. 2, r. 2.
Déc. à Paris 22 juillet 1850 (57 ans).
Représentant du peuple (département du Cher).

Ansart (Félix). c. d., m. 1, r. 1.

Inspecteur de l'Université, membre de la Société de géographie.

—

Brifaust. c. d., m. 1, r. 2.

Paris, 15 février 1781. — Paris, 5 juin 1857.

Membre de l'Académie française.

—

Gaimard (Paul). c. g., m. 2, r. 3.

10 décembre 1858 (66 ans).

—

Henrion (Joseph). c. d., m. 1, r. 1.

Metz, 27 janvier 1776. — Paris, 5 août 1846.

Général d'artillerie, baron de l'Empire.

—

Allée Dumont-d'Urville. — Massifs 2 et 3.

Cayx (Remy-J.-B.-Charles). c. g., m. 2, r. 1.

Né le 5 juillet 1793. — Paris, le 3 janvier 1858.

Vice-recteur de l'Académie de Paris, ancien député du Lot.

—

Sapey (Charles). c. g., m. 2, r. 2.

Déc. 6 mai 1857.

Sénateur, ancien député de l'Isère.

Bravais (Auguste). c. d., m. 3, r. 2.

Déc. le 30 mars 1863 (52 ans).

Membre de l'Institut.

Aupick (Jacques). c. g., m, 2, r. 2.

Déc. 27 avril 1857 (68 ans).

Général de division, sénateur, ancien ambassadeur.

Duvivier. c. d., m. 3, r. 1.

Déc. 28 octobre 1785.

Général de division.

Allée Serrurier (côté gauche). — Massif 2.

Biot (Edouard-Constant). r. 1.

Né à Paris le 2 juillet 1803. — Décédé le 12 mars 1850.

Membre de l'Institut.

Biot (Jean-Baptiste). r. 2.

Né à Paris 21 avril 1774. — Décédé 3 février 1862.

Membre de l'Institut.

Laurent (Louis). r. 1.

Déc. 30 janvier 1854 (69 ans).

Savant naturaliste.

Cavenne (F.-A.). r. 1.

Décédé le 11 avril 1856 (âgé de 83 ans).

Sénateur, inspecteur général, directeur de l'École des ponts et chaussées.

—

Porlier-Pagnon-Saint-Aulaire (Pierre-Jacques). r. 2.

Décédé le 11 mai 1864.

—

Giroux (J.-E.). r. 1.

Décédé le 25 février 1848,

Graveur d'histoire.

—

Serrurier (J.-B.-T.). r. 1.

Orléans, 1er novembre 1776. — Paris, 23 août 1853.

Docteur en médecine.

Médaillon de bronze.

—

Delalain (Jacob-Auguste). r. 2.

Né à Paris 25 juillet 1774. — Décédé le 27 mai 1852.

Éditeur-libraire.

—

Perlet (Pétrus). r. 1.

Lyon, 18 juin 1804. — Paris, 5 novembre 1862.

Peintre d'histoire.

Galle (André), r. 1.

Saint-Étienne, 2 mai 1761. — Paris, 21 déc. 1844.

Graveur en médailles, membre de l'Institut.

Côté droit en remontant jusqu'à l'allée Rochechouart. — Massif 5.

Petitot (Louis). r. 1.

Décédé le 1er juin 1862 (âgé de 68 ans).

Statuaire, membre de l'Institut, professeur à l'École impériale des beaux arts.

Allée Rochechouart. — Massifs 4 et 5.

Rochechouart (sépulture de J.-B. de) duc de Mortemart. r. 1, c. g., m. 5.

Bosio (François). c. d., m. 4, r. 1.

Né à Monaco. Décédé à Paris le 6 juillet 1827 (65 ans).

Peintre d'histoire.

Choron (A.). c. g., m. 5. (intérieur du massif.)

Paris, 21 octobre 1771. — Paris, 2 juin 1834.

Compositeur de musique, sacrée et classique, fondateur d'un Institut royal de musique religieuse.

Villiers (Rose-Hyacinthe de). c. g.; m. 5 (intérieur du massif.

Décédé le 17 mars 1862 à l'âge de 66 ans.
Peintre d'histoire.

Grossoles (comte de), marquis de Flamarens. c. g., m. 5 (au centre).

17 mars 1772. — 26 octobre 1837.
Député du Gers.

Delamarche. c. g., m. 5, r. 1.

5 janvier 1815 (55 ans).
Géographe.

Gramont-Caderousse. Sépulture. c. g., m. 5, r. 1.

Dillon (Roger-Henri). c. g., m. 5, r. 2.

5 février 1831.
Représentant des anciens Dillon, d'Irlande.

Allée transversale. — Massif 5.

Champagny de Cadore (J.-B. de). r. 2.

Décédé le 5 juillet 1835.
Ancien pair de France.

Bouville (comte de). r. 2.

Décédé le 14 février 1838.

Ancien député de la noblesse aux États généraux, membre et vice-président de la Chambre des députés pendant la Restauration.

Delaunoy (F.-J.). r. 2.

Né à Paris en 1775. — Décédé à Sèvres en 1835.

Architecte de la Banque de France, du Conservatoire de musique, du passage Vivienne, du palais du Temple.

Ramey (Claude). r. 3.

Statuaire, membre de l'Institut.

Et **Ramey** (Etienne-Jules).

Statuaire, membre de l'Institut, professeur à l'École des beaux-arts

---

Côté opposé. — Massif 7.

Lacué, comte de **Cessac**. r. 1.

4 novembre 1752 — 14 juin 1841.

Général de division, ancien pair de France.

Romane du Caillaud. Sépulture. r. 1.

10 décembre 1829.

Maréchal de camp.

Deux colonnes en marbre blanc.

Allée Rochechouart. — Massif 7.

Despretz. r. 2.

10 mai 1792 — 15 mars 1863.

Membre de l'Institut, professeur à la Faculté des Sciences de Paris.

Roncherolles (marquis de). r. 1.

20 mars 1784 — 12 mai 1839.

Baron de Normandie.

Même allée (côté opposé). — Massif 6.

Phocion Eynard. r. 1.

Amiens, 8 sept. 1796. — Bellevue (Oise), 6 juin 1861.

Général de brigade, secrétaire général de la chancellerie de la Légion d'honneur.

Quatre Sergents de la Rochelle (sépulture des).

Simple tertre de gazon surmonté d'une colonne tronquée.

Allée transversale. — Massifs 4 et 6.

Vibert (Victor). r. 1, m. 4, c. d.
Paris, 17 septembre 1799. — Lyon, 16 avril 1860.
Ancien pensionnaire de France à Rome, professeur de gravure à l'Ecole des beaux-arts.

—

Drée (Étienne, marquis de). r. 2, m. 4, c. d.
Décédé le 9 avril 1848, à l'âge de 88 ans.
Ancien député, membre de plusieurs sociétés savantes.

—

Mangin (J.-H.). r. 1, m. 6, c. g.
Décédé le 3 février 1835, âgé de 48 ans.
Ancien conseiller à la Cour de cassation, conseiller d'État, préfet de police.

—

Sépulture **Ménardeau**. r. 1, m. 6, c. g.
Obélisque de pierre grise.

—

Retour, allée Dumont-d'Urville, en remontant. —
Massifs 4 et 3.

Amoros (colonel). r. 1, m. 4.
Valence (Allemagne), 1770. — Décédé à Paris 8 août 1848.
Fondateur de la gymnastique en France.

Quatremère de Quincy (A. C.). r. 1, m. 4.

Savant archéologue.

(Minerve du Parthénon, Jupiter Olympien, tombeau de Mausole.)

En redescendant l'allée.

Sépulture du colonel **Regnault**, des capitaines **Monçel, Bertrand, Dreich, Bolot**, du lieutenant **Chamieu**. r. 1, m. 3, c. d.

Tués pendant l'insurrection de juin 1848.

Hulin (comte), r. 1, m. 3, c. d.

Paris, 6 septembre 1758. — Paris, 9 août 1841.

Lieutenant général.

Dumont d'Urville. r. 1, m. 3, c; d.

Né à Condé-sur-Noireau (Calvados). — Tué le 8 mai 1842, à l'affreux accident qui arriva sur le chemin de fer de Paris à Versailles (51 ans).

Contre-amiral.

Voyages autour du monde.

Monument singulier élevé par les soins de la Société de géographie.

Buste de Dantan aîné.

Ravichio de Pérestdorf (baron). r. 1, m. 3, c. d.

Maréchal de camp, membre de plusieurs Sociétés scientifiques.

Charlet. r. 1, m. 3, c. d.

1792—1846.

Professeur à l'École polytechnique, peintre et dessinateur, devenu populaire par son talent original.

Allée de la Tour. — Massifs 6, 7 et 8.

Chalendar (comte de). r. 1, c. g., m. 6.

Décédé le 19 juin 1863, âgé de 72 ans.
Général de division.

Lagrené (J.-M.-M.). r. 1, c. g., m. 6.

Amiens, 14 mars 1800. — Paris, 26 avril 1862.

Ancien ministre plénipotentiaire, ancien pair de France.

Allée de la Tour, près l'allée du Rond-Point (à droite.) — Massif 8.

Lebeau de Germanieu. r. 1.

7 décembre 1765 — 14 mai 1840.

Conseiller à la Cour de cassation, ancien député.

Sépulture **Maurice**. r. 1.

Plaque de marbre blanc. — Un ange emporte un enfant au ciel. — L'attitude raide de l'ange fait songer à un enlèvement violent.

Gillete (Eugène-Mathieu). r. 1.

Décédé le 13 octobre 1859, âgé de 59 ans.

Docteur en médecine, membre de plusieurs sociétés savantes.

Allée Dumont-d'Urville (fin de l'allée). — Massifs 3 et 8.

Ricord. Sépulture de la famille. r. 1, m. 3.

Binet (J.-P.). r. 1, c. d., m. 3.

Décédé le 12 mai 1856, âgé de 70 ans.

Membre de l'Institut, président de l'Académie des sciences, professeur d'astronomie au Collége de France.

Gaudichaud (Charles). r. 1, c. g., m. 8.

Angoulême, 4 septembre 1789. — Paris, 16 janv. 1854.

Membre de l'Institut de France.

Rœhn (Edmond) et **Rœhn** (Amédée-Charles). r. 1, m. 3, c. d.

Deux médaillons de marbre blanc.

Vizier-Lenoir (Pierre). r. 1, c. d., m. 3.

Décédé le 4 février 1856.

Buste de Pigalle.

Espéronnier (F.-Dominique). r. 1, c. d., m. 3.

Général d'artillerie, ancien député de l'Aude.

Kœnig (S.). c. d., m. 3.

Décédé à Grenelle le 30 juin 1854.

Général de division.

Allée de Vallombreuse. — Massif 8.

Hourier (Auguste). r. 1, c. d., m. 9.

Sépulture symbolique.

Auteur de la philontosie ou l'Eldorado d'outre-tombe.

Levraud (F.-B.). r. 1, c. d., m. 9.

Décédé le 4 octobre 1855, âgé de 82 ans.

Docteur-médecin, ancien député de la Charente.

Lamy (F.-Armand, baron). r. 2, c. d., m. 9.

Décédé le 5 novembre 1839 (58 ans).

Maréchal de camp du génie, conseiller d'État, ancien député de la Dordogne.

—

Vallombreuse (sépulture de la duchesse de). r. 1, c. d., m. 9.

18 avril 1841.

—

En remontant à l'angle de l'allée Dumont-d'Urville. — Massif 8.

Hennequin. Sépulture. r. 1.

Hennequin (Marie). r. 1.

22 avril 1777 — 11 février 1840.

Avocat à la Cour de Paris, député du département du Nord.

Et **Hennequin** (Victor). r. 1.

3 juin 1816 — 6 décembre 1854.

Représentant de Saône-et-Loire.

—

Meauvais (Victor). r. 1.

Doubs, 7 mars 1809 — 22 mars 1854.

Membre de l'Académie des sciences.

Boutault (P.-Émile). r. 1.

Général du génie, commandant l'École polytechnique.

Croissant (M.-F.). r. 1.

Décédé le 18 décembre 1855.

Ancien député de la Meurthe.

Sturm (Charles). r. 1.

Décédé le 18 décembre 1855 (51 ans).

Membre de l'Institut (Académie des sciences), professeur à l'École polytechnique et à la Sorbonne.

Chapelle ayant au fronton un groupe de marbre blanc qui représente un ange emportant un enfant. r. 1.

Calonne (J.-M. de). r. 1.

Décédé le 22 avril 1850, âgé de 92 ans.

Ancien avocat au Parlement.

Paulin-Guérin (J.-B.). r. 1.

Décédé à Paris en 1855.

Peintre d'histoire.

Larochefoucauld-Liancourt (sépulture du marquis de).
r. 1.

Ribes (François). r. 1.

Bagnères-de-Bigorre, 4 sept 1865.—Paris, 21 fév. 1845.

Chirurgien de l'empereur Napoléon, médecin en chef de l'hôtel des Invalides, membre de l'Académie de médecine.

Parizot (C.-L.). r. 1.

Colonel d'artillerie, ancien directeur des fonderies de canon.

Monument représentant un canon de pierre.

Larivière (Henri de). r. 1.

Décédé le 2 novembre 1838, à l'âge de 77 ans.

Ancien membre de plusieurs assemblées nationales, Conseiller à la Cour de cassation.

Herwyn de Nevele (Pierre-Antoine, comte). r. 1.

Déc. le 16 mars 1824.

Pair de France.

Allée du Rond-Point (côté gauche). — Massifs 8 et 7.

Richard (Achille). r. 1, c. g., m. 8.

3 avril 1794—5 octobre 1852.

Professeur à l'École de médecine; membre de l'Institut, de l'Académie française.

Et Bouvard (Alexis).

Savoie, 27 juin 1767. — Paris, 7 juin 1843.

Membre de l'Institut (Académie des sciences) et du bureau des longitudes.

—

Duval (A.-Vincent). r. 1, c. g., m. 8.

Rennes, 1767 — Paris, 1842.

Auteur dramatique, de l'Académie française.

Obtint de grands succès par ses opéras comiques et ses comédies.

—

Cornet (Mathieu-Auguste, comte de). r. 1, m. 7.

Déc. le 1er mai 1832, âgé de 82 ans.

Pair de France.

—

Brousses (Jean-Louis). r. 2., m. 7.

Déc. le 19 janvier 1832.

Député de l'Aude.

Chaudet (Antoine-Denis). r. 1, m. 7.

3 mars 1763 — 19 avril 1810.

Statuaire et peintre distingué, membre de l'Institut de France, professeur aux écoles spéciales de peinture et de sculpture.

Petit-Radel (L.-C.-F.). r. 2, m. 7.

26 novembre 1761 — 27 juin 1836.

Directeur de l'ancienne Sorbonne, membre de l'Institut de France.

Bibliothécaire-administrateur de la bibliothèque Mazarine.

Montferrier (marquis de). r. 1, m. 7.

Montpellier, 1752.— Paris, 1829.

Ex-syndic général du Languedoc.

Rond-Point. — Massifs 7 et 5.

Bétencourt (dom). r. 1, m. 7.

Déc. en 1829.

Membre de l'Institut.

Guillemot. r. 2, m. 7.

7 octobre 1786 — 19 novembre 1831.

Peintre d'histoire, élève de David.

Sépulture **Santerre**. r. 3., m. 7.
Artistique.

—

Mazois (F.). r. 1, m. 7.

Lorient, 1783 — 31 décembre 1820.

Architecte, inspecteur général des bâtiments civils.

—

Boyer. r. 2, m. 7.

1760 –1833.

Célèbre chirurgien, auteur d'ouvrages très-estimés.

Buste par Fessard.

—

Danyan (Alexis-Constant). r. 3, m. 7.

Déc. le 28 février 1848, à l'âge de 81 ans.

Membre de l'Académie de médecine.

—

Orfila. r. 1, m. 7.

Fondateur et président de l'Association des médecins du département de la Seine.

Célèbre chimiste.

Monument élevé par ses confrères, amis et élèves.

Buste.

Barre (Jean-Jacques). r. 5, m. 7.

3 août 1793 — 10 juin 1855.

Graveur général des monnaies.

—

Monge (Louis). r. 10, m. 7.

Déc. le 5 octobre 1827, à l'âge de 79 ans.

Célèbre géomètre, examinateur à l'École polytechnique, fut au nombre des savants qui accompagnèrent Bonaparte en Égypte.

—

Pansey (Henrion de). r. 1, m. 7.

28 mars 1742 — 23 avril 1829.

Premier président de la Cour de cassation.

Et **Pernety** (vicomte).

Général de division, sénateur.

19 mai 1766 — 29 avril 1856.

—

Thiénon (Claude). r. 5, m. 7.

27 décembre 1772 — 12 mars 1846.

Peintre paysagiste.

—

Deseine (L.-P.). r. 1, m. 5.

20 juillet 1769 — décédé le 11 octobre 1822.

Statuaire, membre de l'ancienne Académie de peinture, sculpture de Paris.

Monument du cardinal de Belloy, à Notre-Dame; du

duc *d'Enghien, à Vincennes; statues des chanceliers de Lhôpital, au Corps législatif, et d'Aguesseau, à la Cour de cassation.*

Desenne (Alexandre-Joseph). r. 1, m. 5.

Dessinateur.

Jacquinot. Sépulture. r. 2, m. 5.

Jacquinot-Pampelune.

Né à Dijon 7 mars 1771. — Décédé à Paris 6 juillet 1835.

Avocat, député, conseiller d'État, procureur général près la Cour royale de Paris.

Bourbon-Conti (de). Sépulture. r. 2, m. 5.

8 juin 1833.

Allée du Rond-Point. — Massifs 5 et 2.

Aury et Schmid. Sépulture. r. 1, m. 2.

Obélisque de pierre grise.

Godefroy (J.). r. 1, m. 2.

Célèbre graveur.

Tribalet. r. 1, m. 2.

25 août 1767 — 11 avril 1840.

Inspecteur général des finances.
Médaillon de marbre blanc d'Allier.

Allée Saint-Maurice (côté gauche). — Massifs 16 et 17.

Spiégel (Léontine). r. 1, c. d., m. 16.

Monument surmonté d'une statue de marbre blanc et de grandeur naturelle.

Lisfranc (Jacques). r. 1, c. d., m. 16.

Chirurgien célèbre.

Buste et bas-relief en bronze, par Elshœrt.

Barruel (J.-P.). r. 1, c. d., m. 16.

Ancien chef des travaux chimiques de la Faculté de médecine de Paris.

Sépulture des **Pères Jésuites**. r. 1, c. d., m. 16.

Alphonse **Muzarelli**.
25 mai 1813.

Loriquet (Nicolaï).

9 avril 1745 — 78 ans.

Auteur de livres ecclésiastiques.

—

Ravignan (Xavier de).

27 février 1858 — 62 ans.

Célèbre prédicateur.

—

Drapier (Jean-Jacques). r. 1, m. 17.

9 mars 1775 — 8 octobre 1845.

Chimiste manufacturier.

—

Virey (Julien-Joseph). r. 1, m. 17.

Horte (Haute-Marne), 21 déc. 1775 — 9 mars 1846.

—

Courbon-Blenac (marquis de). r. 1, m. 17.

Décédé le 16 octobre 1859.

Général de brigade.

—

Sépulture des **Bénédictines du Saint-Sacrement.** r. 2, m. 17.

—

Sépulture du 2ᵉ monastère des **Religieuses de la Visitation.** r. 2, m. 17.

Sépulture des **Religieuses de la Visitation**. r. 1.

Sépulture des **Religieuses de Saint-Thomas de Villeneuve**. r. 1.

Sépulture des **Sœurs de Bon-Secours**. r. 2.

Récamier. Sépulture du docteur. r. 1.

Hugo (le comte Abel). r. 1, m. 17.
Décédé le 8 février 1855, âgé de 57 ans.

Olivier (Théodore). r. 1.
Lyon, 14 janvier 1793. — 5 août 1853.
Ancien élève de l'École polytechnique, professeur-fondateur de l'École centrale des arts et manufactures, professeur-administrateur du Conservatoire des arts et métiers.
Médaillon de marbre blanc.

Chapelle Saint-Maurice. r. 1, m. 17.

Sépulture **Neveu**.

Allée Boulay-de-la-Meurthe. — Massif 10 et 16.

Sépulture des religieuses Augustines anglaises. r. 1, c. g., m. 10.

—

Dornés (Auguste). r. 1, c. d., m. 16.

Représentant tué sur les barricades en juin 1848. Médaillon sculpté dans un énorme bloc de grès de Fontainebleau.

—

Perrin (Nicaise). r. 1, c. g., m. 10.

12 oct. 1754 — 23 sept. 1831.

Peintre d'histoire, directeur de l'École de dessin.

Et **Gondoin** (Jacques).

5 oct. 1737 — 29 déc. 1818.

Architecte; fit construire l'École de médecine et la colonne Vendôme.

—

Verdier. r. 2, c. d., m. 16.

Décédé 14 août 1856, 38 ans.

Sculpteur.

—

Juchereau (le baron Pierre de). r. 2, c. g., m. 10.

Déc. le 19 sept. 1850, âgé de 74 ans.

Général de brigade, ancien plénipotentiaire, ancien chef du génie de l'Empire ottoman.

Sépulture de **Ligondès**. r. 1, c. d., m. 16.

Ligondès (comte de).

10 juillet 1768 — 9 octobre 1837.
Capitaine de frégate.

—

Schunck (H.). r. 1, c. d., m. 16.

Worms 1757. — Paris 1847.

—

Sépulture **Boulay** (de la Meurthe). r. 1, c. g., m. 10.

Boulay (de la Meurthe).

Chamousey (Vosges), 10 fév. 1761. — Paris, 2 fév. 1840.

Député de la Meurthe au conseil des Cinq-Cents, président de la section de Législation du conseil d'État, ministre d'État sous l'Empire.

Buste de David.

« *Boulay est certainement un brave et honnête homme.* »

Mémorial de Sainte-Hélène.

Et **Boulay** (de la Meurthe) (Georges).

Nancy, 15 juillet 1707. — Paris, 24 nov. 1858.

Député de la Meurthe, représentant du peuple à l'Assemblée nationale.

Vice-Président de la république.

Président du conseil d'État, sénateur.

Allée Molé-Gentilhomme. — Massifs 16, 14 et 15.

Molé-Gentilhomme. r. 1, c. g., m. 14.

Déc. le 27 mai 1856.

Homme de lettres.

—

Glatigny (de). r. 1, c. d., m. 16.

Médaillon en pierre bien ciselé.

—

Feletz (abbé de). r. 1, c. g., m. 14.

Déc. à Paris. le 11 fév. 1850.

De l'Académie française, critique sage et spirituel, auteur de nombreux articles du *Journal des Débats* réunis en plusieurs volumes.

—

Borelli (vicomte de). r. 1, c. g., m. 14.

Déc. le 25 sept. 1849.

Général de division, ex-pair de France.

—

Colliat. Sépulture.

Brèche de grès (de Fontainebleau). r. 1, c. d., m. 16.

—

Sépulture de la princesse de **Montgascon.** r. 1, c. d., m. 16.

Boinod. r. 1, c. d., m. 16.

Inspecteur en chef aux revues.

Épitaphe :

« *Dans la prospérité comme dans l'exil, il fut le com-*
» *pagnon, le serviteur et l'ami de Napoléon.* »

Dupré (Louis). r. 1, c. d., m. 16.

9 janv. 1789. — Paris 13 octobre 1837.

Peintre d'histoire et de portraits.

Gaussard (baron). r. 1, c. d., m. 16.

Déc. le 9 déc. 1838.

Général de l'Empire.

Loustal (Héloïse de). r. 2, c. d., m. 16.

Monument orné d'une statue de marbre blanc de grandeur naturelle.

Seurre (E.). c. g., m. 17.

22 fév. 1798 — 10 juin 1856.

Statuaire.

Retour vers le centre de cette allée.

Lenoir (Alexandre). r. 1, m. 15.

Fondateur du musée des monuments français.

—

Pouqueville (Ch.-H.-Laurent). r. 1, m. 15.

4 nov. 1770 — 20 déc. 1838.

—

Bay (Jean de). r. 2, m. 15.

Nantes, 31 août 1802. — 7 janv. 1862.

Statuaire.

Grand prix de Rome.

—

Allée d'Aguesseau. — Massifs 14 et 15.

Coriolis (Gustave). r. 1, c. g., m. 14.

Déc. le 19 sept. 1843, âgé de 51 ans.

Membre de l'Institut, directeur des études de l'École polytechnique.

Et **Peclet** (Eugène).

déc. le 6 déc. 1856, âgé de 64 ans.

Inspecteur général de l'instruction publique, professeur-fondateur de l'École centrale des arts et manufactures.

Fouquier (Eloi). r. 1, c. g., m. 14.

26 juillet 1776 — 4 oct. 1850.
Médecin du roi, professeur à la faculté de medecine de Paris.

—

Baude (baron). r. 1, c., g. m. 14.
19 fév. 1792 — 7 fév. 1862.
Membre de l'Institut.

—

Saint-Prix (Berriat). r. 1, c. g., m. 14.
Professeur de droit, membre de l'Institut.

—

Fortoul (Hippolyte). r. 1, c. d., m. 15.
Digne, 4 août 1811. — Ems, 7 juillet 1856.
Ministre de l'instruction publique et des cultes, sénateur, membre de l'Institut.

—

Caussin de Perceval (Antoine). r. 2, c. d., m. 15.
Montdidier, 24 juin 1750. — Paris, 29 juillet 1835.
Professeur au Collége de France, membre de l'Académie des inscriptions et belles lettres.

—

Droz (Xavier-Joseph). r. 1, c. d., m. 15.
Besançon, 31 oct. 1793. — Paris, 9 nov. 1856.
Membre de l'Académie française et de l'Académie des sciences morales et politiques.

Centre du massif 15.

Sépulture Devéria.

Grande tablette de pierre sur laquelle est ciselée une jeune femme de grande taille.

Moreau (Hégésippe).

déc. le 18 décembre 1838 à Paris.

Poëte d'un véritable talent, son style est plein de grâce et de fraîcheur. (*Myosotis*.)

Langlois.

Déc. le 28 déc. 1838.

Peintre d'histoire, membre de l'Institut.

Sépulture d'**Aguesseau**. r, 1, c. d., m. 15.

Aguesseau (M.-F.-H. d').

16 janvier 1847.

Dernière du nom, veuve du comte de Ségur.

et Aguesseau (Henri marquis d').

Pair de France, membre de l'Académie française; Administrateur des hospices de Paris, petit-fils du chancelier d'Aguesseau, son dernier descendant mâle.

Lacroix (de). r. 2, c. g., m. 14.
1765—1843.

Membre de l'Institut.

Allée Transversale. — Massif 15.

Mulard (F.). r. 2, c.d.

Décédé le 10 mai 1850.

Peintre d'histoire.

Centre.

Meynier (Charles).

Décédé le 6 septembre 1862.

Membre de l'Institut, professeur de peinture à l'École des beaux-arts.

Côté gauche. — Massif 13.

Roche-Aymon (vicomte de la). r. 1.

Décédé le 13 avril 1824, à l'âge de 70 ans.

Lieutenant général des armées du roi.

Retour à l'allée d'Aguesseau. — Massif 13.

Desolle (Ives). r. 1, c. d.
Auch, 17 mai 1744 — Paris, 31 décembre 1824.
Archévêque de Chambéry.

Chauveau-Lagarde (Claude-François).
Décédé en 1841, âgé de 85 ans.
Défenseur de la reine Marie-Antoinette, en 1793, et de Charlotte Corday, conseiller à la Cour de cassation en 1828.

Intérieur du massif 13.

Rude (François). m. 13.
Dijon 1784 — Paris, 1855.
Sculpteur. Buste en bronze de Cabet, dessin bas-relief représentant le bas-relief exécuté par Rude sur la façade orientale de l'arc de triomphe de l'Étoile.

Gérard (baron François). m. 13.
Rome, 12 mars 1770 — Paris, 11 janvier 1837.
Peintre d'histoire. Médaillon et reproduction en bronze des deux tableaux : *Bélisaire*, 1795, le *Christ*, 1835.

Jussieu (Antoine-Laurent de). m. 13.
Lyon, 12 avril 1748.—Paris, 17 septembre 1836.
Naturaliste, savant et membre de l'Institut.

Sépulture du prince et de la princesse de **Béthune**.

Lepeltier-d'Aunay (comte). m. 13.
Aunay, 3 oct. 1777.— Paris, 10 janv. 1851.
Ancien député de la Nièvre.

Guéneau de Mussy (F.). m. 13.
Semur, 11 juin 1774.—Paris, 30 avril 1857.
Docteur en médecine.

Sépulture **Demidoff**. m. 13.
Contenait un enfant qui en a été enlevé.

Sépulture **Liborel**. m. 13.

Malleville (marquis de).
Décédé le 12 avril 1832, âgé de 53 ans.
Pair de France, conseiller à la Cour de cassation.

Le Poitevin. m. 13.

Rennes, 10 août 1745. — Paris, 10 juin 1840.

Pair de France, président honoraire de la Cour de Paris.

Cloquet (H). m. 13.

Docteur en médecine.

Blanquart de Bailleul (baron). m. 13.

Calais, 27 avril 1758. — Versailles, 4 janvier 1841.

Ancien membre et questeur du Corps législatif, ancien membre et vice-président de la Chambre des députés.

Zedé (Pierre). m. 13.

Décédé le 7 janvier 1863, 71 ans.

Ancien préfet, fondateur du Musée naval.

Même allée d'Aguesseau. — Massif 12.

Ferry (Claude-Joseph). r. 3, c. d.

Né à Maglaincourt, 4 nov. 1795.—Paris, 11 mars 1864.

Avocat, professeur à la Faculté de Paris.

Willemin (V.). r. 2, c. d.

Membre de la Société des antiquaires de France, auteur des *Coutumes civiles et militaires des peuples de l'antiquité*.

Sédillot. r. 2. c. d.

26 avril 1777 — 1832.

Membre du Bureau des longitudes, secrétaire de l'École des langues orientales.

Billault. 1805 — 1863. r. 1, c., d.

Une des gloires de la tribune française, sénateur, grand-officier de la Légion d'honneur, ministre de l'intérieur de 1854 à 1858, et pour la seconde fois en 1859. — Ministre d'Etat lors du sénatus-consulte du 24 novembre, il porta la parole au Sénat et au Corps législatif avec une habileté et une éloquence sans égale; il remplissait encore ces fonctions lorsqu'il mourut en 1863. Sa mort fut un deuil général, une foule immense suivit son convoi.

Allée transversale. — Massifs 12 et 14.

Jouffroy (Simon-Théodore). r. 1, c. g., m. 14.

Décédé le 1er mars 1842, à l'âge de 45 ans.

Ottavi. r. 1, c. g., m. 14.

Ajaccio, 24 juillet 1809.— Paris, 9 déc. 1841.

Orateur, parent de Napoléon, mort en descendant de la tribune.

Sépulture **Corot**. r. 1, c. g., m. 14.

Monument de marbre blanc délicatement ciselé.

Girard (L.). r. 1, c. g., m. 14.

Décédé le 27 nov. 1844, âgé de 72 ans.

Professeur à l'École de dessin et à celle des beaux-arts.

Allée Boulay. — Massif 14. — Retour.

Sépulture **Zangiacomi**. r. 4, c. g., m. 14.

Adam (J. C.). r. 1, c. g., m. 14.

Décédé le 7 oct. 1846, à l'âge de 75 ans.

Clermont (marquis de), Mont-Saint-Jean. r. 1, c. g. m. 14.

Décédé le 24 avril 1846, 64 ans.

Senneville (Denis de). r. 1, c. g., m. 14.
34 déc. 1814 — 1859.

Colonel chef d'état-major, tué à la bataille de Magenta.

Lamoignon (Marie-Catherine de), marquise d'Aguesseau. r. 1, c. g., m. 14.
3 mars 1750 — 23 fév. 1849.

Vantré (baron de). r. 1, c. g., m. 14.
10 mars 1770 — 16 mai 1849.

Général.

Centre.

Diéboblot (G.). m. 14.
Dijon, 7 mai 1816 — 7 novembre 1850.

Statuaire. Médaillon en marbre blanc.

Willaume (Ambroise). m. 14.

Docteur en médecine, chirurgien en chef de l'hôpital de Metz, professeur, membre correspondant de l'Académie de médecine.

Médaillon sculpté dans la pierre.

Jacotot (Victor). r. 1, c. g., m. 14.
Décédé en 1862, 64 ans.

Docteur médecin, fils du fondateur de l'Enseignement universel.

Fournier des Ormes (Charles). r. 1, c. g., m. 14.
Décédé le 18 janv. 1850, 73 ans.
Peintre et homme de lettres.

—

Allée Boulay (en remontant.)— Massifs 10 et 12.

Sépulture de **Lasteyrie**. r. 1, c. g., m. 10.
Lasteyrie du Saillant (Charles-Philibert de).
Brives, 4 nov. 1759.— Paris, 3 nov. 1849.

—

Grienewald. r. 1, c. g., m. 10.
Né dans le Tyrol, 25 août 1786. —
Déc. le 19 oct. 1845.
Statuaire.

—

Fririon (baron Nicolas). r. 1, c. g., m. 10.
Décédé le 25 sept. 1840, âgé de 74 ans.
Lieutenant général, commandant de l'école des Invalides.

—

Moquin-Tandon r. 3, c. d., m. 12.
Membre de l'Institut.

Sépulture **Templier**. r. 1, c. g., m. 10.

Hachette.

Grand éditeur; ancien élève de l'école normale; M. Hachette abandonna la carrière de l'enseignement pour se livrer à la publication des livres classiques ; *sic quoque docebo*, disait-il. Il donna à la librairie une énorme impulsion, par ses nombreuses publications tant classiques que littéraires et artistiques. Sous sa direction sa maison de librairie est devenue une des plus puissantes. Son corps a été provisoirement déposé dans le caveau de la famille Templier.

Chapelle Bingham.

Fronton orné de sculptures représentant les quatre Évangiles.

Pépin (Théodore-Florentin). r. 2, c. d., m. 12.

Remy (Aisne), 11 nov. 1799. — 19 fév. 1836.

Allée d'Abrantès. — Massifs 12, 13 et 11.

Côté droit. — Massifs 12 et 13.

Gosselin (Charles). r. 1, m. 12.

Décédé le 30 juillet 1839, 64 ans.

Éditeur célèbre dont le nom et la maison n'existent plus.

Saisset (Émile). r. 3, m. 12.

16 sept. 1814 — 27 déc. 1863.

Membre de l'Institut, professeur à la Faculté des lettres de Paris.

Sépulture **Raffet**, r. 1, m. 12.

1er mars 1804.— Gênes, 16 fév. 1860.

Obélisque de pierre.

Ducaurroy (Adolphe-Marie). r. 1, m. 12.

Décédé le 28 juin 1850, âgé de 63 ans.

Professeur à la Faculté de droit de Paris.

Normand. r. m. 13.

Goyancourt, 1765.— 13 fév. 1840.

Architecte, ancien pensionnaire à Rome, membre de l'Académie des beaux-arts.

Lafférière (Julien). r. 2, m. 13.

Décédé le 14 fév. 1861, 63 ans.

Inspecteur général des Facultés de droit, ancien conseiller d'État, membre de l'Institut.

Bizot (B.). r. 2, m. 13.

Général de division du génie, tué au siége de Sébastopol, 16 avril 1855.

Vers le milieu.

Montalembert (comte M. de). m. 13.

6 août 1812. — 11 nov. 1859.

Colonel des chasseurs d'Afrique.

—

Côté opposé. — Massif 11.

Oudot (C.-F.). r. 1, m. 11.

Déc. le 12 avril 1841, 86 ans.

Ancien député de la Côte-d'Or à la Convention nationale, à l'Assemblée législative, au conseil des Cinq-Cents, à celui des Anciens, conseiller à la Cour de cassation.

—

Pelletier (Joseph). r. 1, m. 11.

Déc. le 19 juillet 1842 (54 ans).

Membre de l'Institut.

Directeur adjoint de l'École de pharmacie de Paris.

—

Pasquier. Sépulture. r. 1. m. 11.

Pasquier (Antoine-Philippe baron).

Loches, 7 mars 1773. — 6 février 1847 (74 ans).

Premier chirurgien du roi.

Et **Pasquier** (Philippe-Adolphe).

Marseille, 17 novembre 1802. — Paris, 3 janvier 1852.

Ancien premier chirurgien du roi.

Garnier. r. 2. m. 11.

24 août 1759 — 15 novembre 1849.

Peintre d'histoire.

Membre de l'Académie des beaux-arts.

—

Junot (Adolphe-Alfred-Michel), duc d'**Abrantès**.
r. 1, m. 11.

Né le 15 novembre 1810 en Espagne. — Mort à Brescia le 19 juillet 1859.

Lieutenant colonel d'état-major.

—

Salignac (sépulture de la famille de).

Mothe de Fénelon (de la). r. 1. m. 11.

—

Bóyer (Pierre-Joseph). r. 1. m. 11.

Né à Toulouse. — Décédé le 24 février 1853 (99 ans).

Ancien pair de France.

Président honoraire à la Cour de cassation.

—

Montlézün-Busca (comte de). r. 1, m. 11.

Déc. le 7 novembre 1852 (77 ans).

Ancien ministre plénipotentiaire.

AlléeBoulay, (en allant vers le haut.).—Massifs 10 et 11.

Cossé-Brissac (Louise de).

—

Malestrat (comtesse de). r. 1, c. d., m. 11.
25 juin 1854.

—

Lucas. Sépulture. r. 1, c. g., m. 10.
Énorme monument.

—

Noé (comte de). r. 2, c. d., m. 11.
6 février 1858 (81 ans).
Ancien pair de France.

—

Dillon (W.-P.). r. 1, c. g., m. 10.
12 octobre 1857 (45 ans).
Consul général et chargé d'affaires de France.

—

Planchard. r. 2, c. d., m. 11.
1849.
Paysagiste.

—

Loverdo (Nicolas, comte de). r. 1, c. g., m. 10.
6 août 1774 — 26 juillet 1837.
Lieutenant général.
Conseiller d'État.

Bresson (Th.-Joseph, comte). r. 2, c. d., m. 11.
Déc. à Naples le 2 novembre 1847 (50 ans).
Pair de France.
Ambassadeur.

Allée de Vallombreuse — Massifs 11 et 9.

Sépulture des **Sœurs-Hospitalières,** sur la gauche.

Sépulture de **Senneville.** r. 1, c. g., m. 9.

Monument représentant une croix immense.
r. 1, c.-d., m. 11.

Sépulture des **Religieuses Augustines.** r. 1, c. g., m. 9.

Dumont (Jacques-Edme). r. 1, c. d., m. 11.
10 avril 1761 — 21 février 1844.
Statuaire, ancien pensionnaire de France à Rome.

Blondel (M. J.). r. 1, c. g., m. 9.
Déc. en 1853.
Peintre d'histoire.
Membre de l'Institut.

Gannal (J.-N.), Sépulture, r. 1, c. d., m. 11.
1852.

Célèbre embaumeur.

Tête de couleur verdâtre fixée dans la pierre du monument.

Bocage. r. 1, c. g., m. 9.

Déc. le 30 août 1862.

Célèbre acteur.

Becquey (Louis). r. 1, c. d., m. 11.

Déc. le 2 mai 1849, âgé de 89 ans.

Ancien membre de l'Assemblée législative.
Député de la Haute-Marne.
Ancien directeur de l'agriculture.
Ancien directeur général des ponts et chaussées.
Ancien ministre d'État.

Failly (comte de). r. 1, c. d., m. 11.

Déc. le 8 mai 1832.

Capitaine de vaisseau.

Ducis (J. Louis). r. 1, c. d., m. 11.

Déc. en 1847.

Peintre d'histoire.

Hureau de Senarmont (H.). r. 1, c. d., m. 11.
Ingénieur en chef des mines.
Membre de l'Institut.

Vintimille (sépulture de). r. 1, c. g., m. 9.
Déc. le 6 août 1822.
Ancien évêque de Carcassone.

Foucher (Joseph-Désiré). r. 2, c. g., m. 9.
Déc. le 17 février 1860 (74 ans).
Général de division.
Sénateur.

Lamondé (C.). r. 1. c. g., m. 9.
Sables-d'Olonne 16 août 1776. — Paris 1er juillet 1837.
Inspecteur général des ponts et chaussées.
Ancien député de la Sarthe.

Allée du Rond-Point (côté gauche en descendant vers la porte du cimetière, côté droit). — Massifs 14 et 13.

Savary (J.-V.). r. 3, m. 11.
9 février 1853 (71 ans).
Lauréat du Conservatoire, ancien artiste des Italiens.

Aclocque (J.-B.). r. 1, m. 11.

Commandant général de la garde nationale de Paris en 1792.

Cochin (J. Denis). r, 1. m. 11.

14 juillet 1769 — 18 août 1841.

Avocat à la Cour de cassation.
Maire.
Député.
Administrateur des hospices.
Fondateur de la première salle d'asile de France.

Sépulture des **Dames Religieuses Carmélites** de la rue de Vaugirard. r. 1, m. 11.

Goyon (sépulture de). r. 1, m. 13.

Roche-Aymond (Charles-Paul de la).

16 mai 1849.

Pair de France.

Lieutenant général (le seul qui ait été écrivain militaire).

Montmorency-Laval (comte de). r. 3.

1er mars 1822.

Lieutenant général des armées du roi.

Houdon (J.-A.).
Statuaire.
Et Rochette (Raoul).
Antiquaire.
Deux médaillons de bronze de David.

Foucault Saint-Prix (Jean-Amable).
9 juin 1756 — 27 octobre 1834.
Ancien sociétaire de la Comédie-Française, pensionnaire du roi.

Dubruel (Joseph). r. 1, m. 13.
Déc. le 26 mars 1828.
Député de l'Aveyron, questeur de la Chambre des députés, inspecteur général de l'Université.

Etna Michallon. r. 2, m. 13.
Déc. le 24 septembre 1722 à 25 ans.
Peintre en paysage historique, pensionnaire du roi.

Rond-Point. — Massifs 13 et 15.

Gesvres (Françoise-Marie, duchesse de),
née Du Guesclin (dernière de ce nom). r. 1, m. 13.
Monument élevé par son parent et ami le duc d'Havré.

Cassini (dernier de ce nom). r. 2, m. 13.

16 avril 1832 (50 ans).

Pair de France, conseiller à la Cour de cassation. Membre de l'Institut.

—

Montmorency-Luxembourg (Anne-Christian). r. 4, m. 13.

15 juin 1765 — 14 mars 1821.

Pair de France.

Et **Béthune-Sully** (comtesse de).

2 avril 1863.

—

Suite de l'allée du Rond-Point. — Massifs 15 et 16.

Grégoire (Henry). r. 2, m. 15.

Déc. le 28 mai 1831.

Ancien évêque de Blois; un de ceux qui prêtèrent serment à la constitution civile du clergé. En 1814 il demanda la déchéance de Napoléon.

Auteur d'une foule d'ouvrages historiques et religieux.

Epitaphe :

« *Mon Dieu, faites-moi miséricorde, et pardonnez à mes ennemis* »

Mongez (Ant.). r. 2, m. 15.

Lyon, 30 novembre 1747. — 31 juillet 1835.

Membre de l'Institut.
Ancien administrateur des monnaies.
Membre du tribunal.

Thurot (Jean-François). r. 2, m. 15.

Issoudun, 24 mars 1768 — 18 juillet 1832.

Philosophe, professeur au Collége de France, membre de l'Académie des inscriptions et belles-lettres.

Beautemps-Beaupré. r. 2, m. 16.

6 août 1766 — 15 mars 1854.

Ingénieur hydrographe en chef.
Membre de l'Institut.

Drolling. r. 2, m. 16.

Peintre d'histoire.
Membre de l'Institut.

Jésus au milieu des docteurs, la Loi descendant sur la terre, une Séance des Etats généraux sous Louis XII.

Vaudoyer (A.-L.-T.). r. 1, m. 16.

20 décembre 1756 — 18 mai 1846.

Architecte.
Membre de l'Institut.

Macarel (Louis-Antoine). r. 2, m. 16.

Orléans, 20 janvier 1790. — Paris, 24 mars 1851.

Président de la section d'administration au conseil d'Etat, professeur à la Faculté de droit de Paris.

—

Allier (J.-François). r. 1, m. 16.

Embrun, 5 mai 1768. — Paris, 7 avril 1838.

Ancien député.
Médaillon d'Allier son fils.

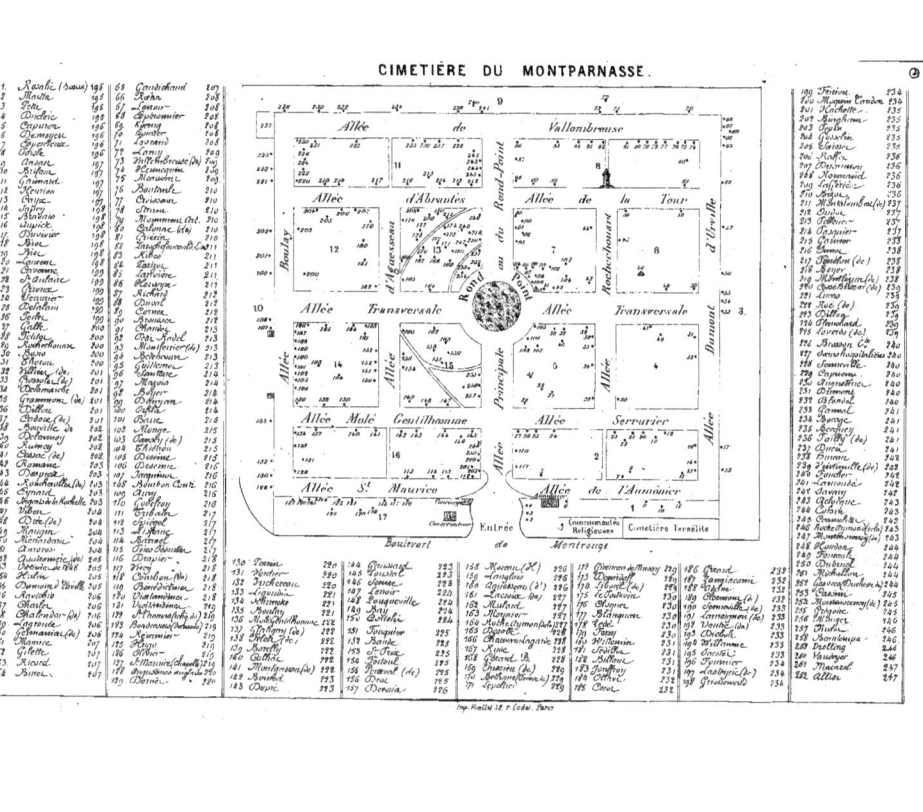

CIMETIÈRE DE CLAMART

RUE DU-FER-A-MOULIN, QUARTIER SAINT-MARCEL

(Attenant à l'Amphithéâtre des Hôpitaux.)

Gilbert.
1731—1780.

Poëte, mort à la suite d'un accès de démence pendant lequel il avala une petite clef, qui l'étrangla. Deux satires pleines d'esprit et de verve, une belle ode et des stances admirables qu'il composa quelques joursavant sa fin prématurée, recommandent son nom à la postérité.

Mirabeau (comte de).
1749—1791.

Fils du marquis de Mirabeau, eut une jeunesse désordonnée, qui lui attira les rigueurs de son père, du gouvernement et des tribunaux; ses vices auraient fini par éteindre son génie si la Révolution ne fût venue le ranimer; électrisé par elle, il devint en peu de jours l'orateur le plus éloquent et le politique le plus habile de l'Assemblée nationale. Par malheur, il ne vécut pas assez pour empêcher les factions de se *disputer les lambeaux de la monarchie*. Il mourut dans sa 42º année, laissant la France entière émue de sa mort. Ses restes furent d'abord déposés au Panthéon, puis retirés pour faire place à ceux de Marat, enfin ensevelis dans le cimetière de Clamart.

Pichegru y fut inhumé en 1804, mais ses ossements ont été transportés depuis peu à Arbois par les soins d'une nièce.

CIMETIÈRE DE PICPUS

RUE DU MÊME NOM

Se compose de deux parties ; l'une renferme les reste de :

Lafayette (marquis de).

1757—1834.

Issu de la famille Mortier de Lafayette, maréchal de France sous Charles VII, combattit glorieusement pour l'indépendance de l'Amérique, et devint en France le héros populaire de deux révolutions, celle de 1789 et celle de 1830; mais il ne put conserver dans aucune sa popularité. Il fut plus remarquable par ses qualités privées que par ses talents politiques.

Sépulture de **Lafayette** (madame de).

Femme du général.

Et de trois cents personnes environ, appartenant aux premières familles de France : Montmorency,

Noailles, Clermont-Tonnerre, Larochefoucauld, Talleyrand, etc.

—

La deuxième partie est la propriété du prince allemand de Salm-Kirbourg ; elle a servi de sépulture à un aïeul du prince mort sur l'échafaud pendant la Révolution, et à 1300 victimes exécutées à la barrière du Trône à la même époque, au nombre desquelles le vicomte de Beauharnais, premier mari de l'impératrice Joséphine.

CIMETIÈRE DE SAINTE-MARGUERITE

RUE SAINT-BERNARD, 28

(Près l'église de ce nom.)

Sépulture du **Dauphin**, fils de Louis XVI.

Enfermé au Temple avec sa famille en 1792, y mourut en 1795, âgé de 10 ans, et presque idiot, par suite des mauvais traitements que le cordonnier Simon lui avait fait subir.

Ces cimetières sont ouverts tous les jours, de 6 heures du matin à 6 heures du soir en été, et de 7 heures à 4 heures en hiver.

Une cloche annonce la fermeture une demi-heure à l'avance.

MONUMENTS DE PARIS

RENFERMANT DES TOMBEAUX REMARQUABLES

Les tombeaux des morts illustres ne sont pas tous dans les cimetières, et la plupart des monuments religieux de Paris en contiennent de fort remarquables au point de vue des souvenirs et de leur richesse architecturale.

Nous signalons les plus curieux à visiter (1) :

NOTRE-DAME

Possède le cœur du cardinal de Talleyrand-Périgord.

1754 — 1838.

SAINT-EUSTACHE.

Les tombeaux de :

Colbert.

1619 — 1683.

Ministre de Louis XIV.

(1) Voir pour de plus amples indications sur ces monuments, *Paris en poche*, guide de M. H. de Conty, publié par la maison Faure.

Voiture.

1598 — 1648.

Poëte jadis d'une grande renommée.

Furetière.

1620 — 1688.

Écrivain spirituel.

Benserade.

1612 — 1691.

Poëte, écuyer du grand roi.

LA SORBONNE.

Le mausolée du cardinal de Richelieu, taillé dans le marbre par le ciseau de Girardon, d'après la composition de Lebrun.

LE PANTHÉON.

Église Sainte-Geneviève.
Les cercueils de :

Lagrange.

1737 — 1813.

Savant géomètre.

—

Bougainville.

1729—1811.

Célèbre voyageur.

—

Souflot.

1713—1781.

Architecte du Panthéon.

—

Lannes.

1769—1809.

Maréchal de l'Empire.

—

Voltaire.

1694—1778.

Génie universèl.

—

Rousseau (J.-J.)

1712—1778.

Philosophe et écrivain du plus grand mérite.

LES INVALIDES.

Contiennent, outre les monuments d'un certain nombre de maréchaux et de gouverneurs de l'hôtel, ceux de :

Turenne.
1611 — 1675.

Un des meilleurs capitaines des temps modernes.

Mortier.

Et les victimes de l'attentat du 28 juillet 1835.

Dans les caveaux de l'église on lit sur les pierres sépulcrales les noms de :

Vauban.
1633 — 1707.

Maréchal de France.

Kléber.
1754 — 1800.

Général de la République.
Tué en Égypte.

Négrier.

1788 — 1848.

Tué à l'insurrection de juin.

—

Et **Sombreuil** (mademoiselle de).

Célèbre par son dévouement filial, qui lui donna le courage d'avaler un verre de sang humain.

—

Aux Invalides furent inhumés aussi les restes de

Napoléon (Jérôme).

Ancien roi de Westphalie, oncle de Napoléon III, mort au Palais-Royal en 1860.

—

Sous le dôme repose, depuis 1841, le cercueil du plus grand homme des temps modernes

Napoléon I**er**.

TABLE ALPHABÉTIQUE

A

Pag.	Noms.	Cim.
185	Abancourt (baron de)	M M
41	Abbadie (d')	P L
26	Abeilard	P L
80	Aboville (d')	P L
155	Abrantès (d')	M M
243	Aclocque	M P
232	Adam	M P
166	Adam (Ade)	M M
90	Adanson	P L
119	Advisard (d')	P L
35	Agasse	P L
89	Aguado	P L
226	Aguésseau (d')	M P
247	Allier	M P
150	Allois d'Herculaïs (Comte)	M M
161	Alphen	M M
81	Alton (d')	P L
204	Amoros	M P
30	Amussat	P L
160	Andréossy	M M
94	Andrianoff	P L

Pag.	Noms.	Cim.
47	Andrieux	P L
197	Ansart	M P
130	Arago	P L
184	Artot	M M
135	Astheley	P L
134	Augereau	P L
198	Aupuk	M P
92	Aumont (d')	P L
216	Aury	M P
181	Auvity	M M
171	Avenel (Aline)	M M
170	Aycard	M M

B

150	Bally (de)	M M
99	Balzac	P L
149	Barbantane (marquis de)	M M
117	Barbier du Bocage	P L
71	Barras	P L
215	Barré	M P
217	Barruel	P L
129	Barthe	P L
36	Barrot (O.)	P L
186	Batton	M M
225	Baude	M P
143	Baudin (amiral)	M M
88	Baudrand (de)	P L
224	Bay (de)	M P
90	Bayard	P L
185	Bazaine (général)	M M
98	Beaujour	P L
60	Beaumarchais	P L
148	Beaurepaire (de)	M M
246	Beautemps-Beaupré	M P

Pag.	Noms.	Cim.
82	Beauvilliers	P L
31	Beauvoir (de)	P L
126	Beclard	P L
241	Becquey	M P
161	Bedarride	M M
104	Bedeau	P L
90	Bellart	P L
38	Belliard	P L
112	Bellini	P L
33	Bellune (de)	P L
15	Benazet (de)	M M
256	Benserade	S M
69	Béranger	P L
156	Bérard	M M
95	Bérat	P L
133	Berger	P L
25	Bercheim Allegri	P L
148	Bernard (général)	M M
225	Berriat Saint-Prix	M P
213	Bétencourt	M P
229	Béthune (de)	M P
245	Béthune Sully (de)	M P
30	Beugnot	P L
58	Beurnonvillle	P L
71	Bibezco	P L
127	Bichat	P L
183	Bidé	M M
95	Bignan	P L
231	Billaut	M P
182	Billcocq	M M
169	Bineau	M M
207	Binet	M P
93	Binet	P L
235	Bingham	M P
198	Biot	M P
198	Biot	M P
36	Biré (de)	P L

Pag.	Noms.	Cim⁺
236	Bizot	M P
169	Blache (docteur)	M M
106	Blanchard	P L
107	Blandin	P L
230	Blanquart	M P
92	Blanqui	P L
240	Blondel	M P
241	Bocage	M P
187	Boely	M M
74	Bœrne	P L
112	Boïeldieu	P L
223	Boinot	M P
164	Bois-le-Comte (de)	M M
39	Boissy d'Anglas	P L
130	Bondini-Barilly	P L
157	Bonjour	M M
13	Bonnet	M M
222	Borelli	M P
125	Borsa	P L
98	Bory de Saint-Vincent	P L
200	Bosio	M P
88	Bosio	P L
196	Boucher	M P
149	Bouchot	M M
117	Bouflers (de)	P L
180	Bougainville (de)	M M
257	Bougainville	Panthéon
144	Bouillé	M M
147	Bouillon-Lagrange	M M
221	Boulay de la Meurthe	M P
34	Bourbon Conti (de)	P L
216	Bourbon Conty	M P
104	Bourgoin	P L
58	Bourke (de)	P L
210	Boutault	M P
185	Bouthillier	M M
212	Bouvard	M P

Pag.	Noms.	Cim.
202	Bouville (de)	M P
164	Bouzet (de)	M M
104	Boyer	P L
214	Boyer (docteur)	M P
238	Boyer (président)	M P
198	Bravais	M P
111	Breguet	P L
240	Bresson	M P
147	Bresson	M M
197	Briffault	M P
165	Briot	M M
115	Brongniart	P L
115	Brongniart	P L
212	Brousses	M P
74	Bruat	P L
87	Bruges (de)	P L
38	Bruix	P L
172	Bruzzesi	M M
158	Bury (de)	M M

C

182	Caccia	M M
210	Calonne (de)	M P
58	Cambacérès	P L
101	Camus	P L
96	Capellaro	P L
196	Capuron	M P
149	Carneville (de)	M M
102	Carthellier	P L
245	Cassini	M P
86	Castelbranco (de)	P L
108	Catel	P L
52	Caulaincourt (de)	P L

Pag.	Noms.	Cim.
87	Caumont Laforce (de)	P L
181	Caussidière,	M M
225	Caussin	M P
146	Cauvain	M M
151	Cavaignac	M M
199	Cavenne	M P
197	Cayx	M P
189	Cazot	M M
88	Céballos	P L
206	Chalendar	M P
174	Chambellan	M M
201	Champagny (de)	M P
47	Champollion	P L
50	Chappe	P L
40	Chaptal	P L
37	Chapuis	P L
110	Charles	P L
206	Charlet	M P
54	Chasseloup-Laubat (de)	P L
95	Chasseloup-Laubat (de)	P L
213	Chaudet	M P
228	Chauveau-Lagarde	M P
127	Chénier	P L
120	Chérubini,	P L
167	Chevalier	M M
91	Choiseul (de)	P L
121	Chopin	P L
200	Choron	M P
175	Clarac (de)	M M
34	Clarke	P L
85	Clary	P L
156	Claudin	M M
232	Clermont (de)	M P
252	Clermont-Tonnerre (de)	Picpus
230	Cloquet	M P
243	Cochin	M P
189	Coëtlogon (de)	M M

Pag.	Noms.	Cim.
26	Colbert (de)	P L
256	Colbert	S.-Eust.
150	Colet	M M
173	Colon (Jenny)	M M
55	Compans	P L
50	Constant (Benjamin)	P L
224	Coriolis	M P
73	Cornemuse	P L
212	Cornet (de)	M P
239	Cossé (de) Brissac	M P
57	Cottin	P L
146	Cottrau	M P
119	Coutades (de)	P L
50	Coutat	P L
33	Couchery	P L
114	Coulon	P L
218	Courbon	M P
147	Croy (de)	M M
94	Crozatier	P L
48	Crussol (de)	P L
162	Cruz (de la)	M M
128	Cuvier	P L
128	Cuvier	P L

D

134	Dalloz	P L
139	Dalmatie (de)	P L
176	Damiron	M M
158	Damoreau (C.)	M M
214	Danjau	M P
133	Dantan	P L
101	Darcet	P L
160	Daru	M M

Pag.	Noms.	Cim.
72	Daunou	P L
130	David	P L
57	David d'Angers	P L
170	Daviel	M M
67	Davoust	P L
147	Dazincourt	M M
171	Debret	M M
134	Debureau	P L
189	Decamps (mère de)	M M
57	Decrès	P L
199	Delalain	M P
201	Delamarche	M P
167	Delaroche (Paul)	M M
202	Delaunoy	M P
100	Delavigne (C.)	P L
133	Delespine	M M
116	Delille	P L
175	Deloffre	M M
28	Delvincourt	P L
76	Demidoff	P L
229	Demidoff	M P
188	Denise	M M
122	Denon	P L
84	Desaugiers	P L
30	Desbassyns	P L
147	Desbrosses	M M
158	Deschamps	M M
89	Desclozeaux	P L
215	Deseine	M P
216	Desenne	M P
103	Désèze	P L
228	Desolle	M P
203	Despretz	M P
124	Destutt de Tracy	P L
226	Dévéria	M P
98	Diaz Santos	P L
146	Diaz (A.)	M M

Pag.	Noms.	Cim.
25	Didot (Firmin)	P L
233	Diebolt	M P
108	Dillon	P L
201	Dillon	M P
239	Dillon	M P
102	Dode de la Brunerie	P L
181	Dommanget	M M
220	Dornès	M P
161	Dorville	M M
103	Doyle	P L
218	Drapier	M P
204	Drée (de)	M P
246	Drolling	M P
225	Droz	M P
153	Dubois (J.-J.)	M M
173	Dubois (baron)	M M
244	Dubruel	M P
91	Dubuffe	P L
178	Ducange (Victor)	M M
236	Ducaurroy	M P
44	Duchesnois	P L
231	Ducis	M P
241	Ducis	M P
110	Dufresnoy	P L
114	Dugazon	P L
244	Duguesclin	M P
160	Dujarrier	M M
27	Dumont	P L
240	Dumont	M P
205	Dumont d'Hurville	M P
73	Dupaty	P L
188	Dupont de la Porte	M M
122	Duport	M M
223	Dupré	M L
41	Dupuytren	P L
116	Dureau de la Malle	P L
187	Durfort (comte de)	M M

Pag.	Noms.	Clm.
212	Duval....................................	M P
148	Duval....................................	M M
198	Duvivier.................................	M P

E

247	Embrun...................................	M P
60	Enfantin (Père)...........................	P L
114	Erard (famille)...........................	P L
196	Espercieux................................	M P
208	Espéronnier..............................	M P
39	Estampes (marquis d').....................	P L
82	Etienne...................................	P L
33	Eu (comte d').............................	P L
203	Eynard....................................	M P

F

93	Fabre (A.)................................	P L
92	Fabre (V.)................................	P L
241	Failly (de)...............................	M P
82	Faucher (L.)..............................	P L
100	Faverolles (baron de).....................	P L
222	Feletz (de)...............................	M P
62	Fernan Nunez (duc de).....................	P L
230	Ferry.....................................	M P
96	Feuchères (de)............................	P L
150	Feuchère..................................	M M
172	Feutrier..................................	M M
182	Feydeau...................................	M M
175	Fleurquin.................................	M M
176	Fleury....................................	M M
36	Fleury de Chamboulon......................	P L

Pag.	Noms.	Cim.
225	Fortoul	M P
244	Foucault Saint-Prix	M P
222	Foucher	M P
25	Fould (Mme)	P L
133	Fould (A.)	P L
34	Foulon	P L
225	Fouquier	M P
113	Fourcroy	P L
47	Fourier	P L
183	Fournier	M M
234	Fournier des Ormes	M P
171	Foy	P L
28	Fresnel	P L
234	Fririon	M P

G

107	Galin	P L
124	Galitzin (princesse)	P L
48	Gall	P L
200	Galle	M P
157	Galliera (duc de)	M M
29	Gambey	P L
241	Ganhal	M P
164	Garaudé (de)	M M
165	Garneray	M M
238	Garnier	M P
75	Garnier-Pagès	P L
122	Garreau	P L
59	Gassicourt (C.)	P L
186	Gau	M M
207	Gaudichard	M P
223	Gaussard	M P
53	Gautier	P L

Pag.	Noms.	Cim.
180	Gautier	M M
114	Gaveaux	P L
81	Gay-Lussac	P L
81	Gémond	P L
86	Genlis (de)	P L
170	Germanowski	M M
75	Geoffroy-Saint-Hilaire	P L
39	Gérando (de)	P L
228	Gérard	M P
189	Gérard de Fernic	M M
103	Géricault	P L
259	Gilbert	Clamart
207	Gillette	M P
118	Ginguené	P L
187	Girard	M M
232	Girard	M P
150	Girardin (comte de)	M M
179	Girardin (madame de)	M M
73	Girodet	P L
199	Giroux	M P
134	Gisquet	P L
152	Gobert	P L
216	Godefroy	M P
88	Godoy (prince)	P L
122	Gohier	P L
235	Gosselin	M P
107	Gossec	P L
70	Gossuin	P L
177	Goubaux	M M
220	Goudoin	M P
90	Gourgaud	P L
43	Gouvion Saint-Cyr	P L
201	Gramont (de)	M H
177	Grassot	M M
234	Grunewaldt	M P
64	Grefulhe	P L
245	Grégoire	M P

Pag.	Noms.	Cim.
111	Grétry．．．．．．．．．．．．．．．．．．．．．．．．．．．．	P L
160	Greuze．．．．．．．．．．．．．．．．．．．．．．．．．．．．．	M M
146	Grimaldi (prince de)．．．．．．．．．．．．．．．．．	M M
81	Gros (baron)．．．．．．．．．．．．．．．．．．．．．．．．．	P L
172	Gros．．．．．．．．．．．．．．．．．．．．．．．．．．．．．．．．．	M M
201	Grossoles．．．．．．．．．．．．．．．．．．．．．．．．．．．	M P
131	Grouchy．．．．．．．．．．．．．．．．．．．．．．．．．．．．	P L
213	Guillemot．．．．．．．．．．．．．．．．．．．．．．．．．．．	M P

H

Pag.	Noms.	Cim.
121	Habeneck．．．．．．．．．．．．．．．．．．．．．．．．．．．	P L
235	Hachette．．．．．．．．．．．．．．．．．．．．．．．．．．．	M P
161	Halévy．．．．．．．．．．．．．．．．．．．．．．．．．．．．．．	M M
64	Hamelin．．．．．．．．．．．．．．．．．．．．．．．．．．．．．	P L
144	Haubersant (d')．．．．．．．．．．．．．．．．．．．．．	M M
163	Hautpoult (d')．．．．．．．．．．．．．．．．．．．．．．	M M
68	Haxo．．．．．．．．．．．．．．．．．．．．．．．．．．．．．．．．	P L
108	Hecquevilly．．．．．．．．．．．．．．．．．．．．．．．．．	P L
159	Heine．．．．．．．．．．．．．．．．．．．．．．．．．．．．．．．．	M M
26	Héloïse．．．．．．．．．．．．．．．．．．．．．．．．．．．．．．	P L
209	Hennequin．．．．．．．．．．．．．．．．．．．．．．．．．．．	M P
197	Henrion．．．．．．．．．．．．．．．．．．．．．．．．．．．．．	M P
105	Hérold．．．．．．．．．．．．．．．．．．．．．．．．．．．．．．．	P L
169	Héroult．．．．．．．．．．．．．．．．．．．．．．．．．．．．．	M M
31	Hersent．．．．．．．．．．．．．．．．．．．．．．．．．．．．．	P L
32	Hoche．．．．．．．．．．．．．．．．．．．．．．．．．．．．．．．	P L
145	Hodgson．．．．．．．．．．．．．．．．．．．．．．．．．．．．	M M
154	Houdetot (d')．．．．．．．．．．．．．．．．．．．．．．．	M M
244	Houdon．．．．．．．．．．．．．．．．．．．．．．．．．．．．．．	M P
208	Hourier．．．．．．．．．．．．．．．．．．．．．．．．．．．．．	M P
40	Houton．．．．．．．．．．．．．．．．．．．．．．．．．．．．．．	P L
219	Hugo．．．．．．．．．．．．．．．．．．．．．．．．．．．．．．．．	M P
78	Hugo．．．．．．．．．．．．．．．．．．．．．．．．．．．．．．．．	P L

Pag.	Noms.	Cim.
205	Hulin	M P
162	Hurault	M M
242	Hureau	M P
176	Hurel	M M

I

83	Isabey	P L

J

233	Jacotot	M P
97	Jacotot	P L
72	Jacquet (baron)	P L
216	Jacquinot	M P
182	Jadin	M M
166	Jars	M M
89	Jaubert	P L
162	Johannot (Alfred)	M M
163	Johannot (Tony)	M M
159	Joinville (comte de)	M M
145	Jollivet	M M
95	Jomard	P L
59	Jourdan	P L
231	Jouffroy	M P
153	Joyeuse (de)	M M
220	Juchereau	M P
85	Junot, duc d'Abrantès	P L
238	Junot	M P
229	Jussieu	M P

K

Pag.	Noms.	Cim.
208	Koenig	M P
167	Kamienski	M M
46	Kellermann	P L
258	Kléber	Invalides
173	Korte	M M

L

32	Labedoyère	P L
77	Lacave-Laplagne	P L
93	Lacretelle	P L
227	Lacroix (de)	M P
202	Lacuée (de)	M P
236	Lafferrière	M P
251	Lafayette (de)	Picpus.
132	Laffare	P L
46	Laffite	P L
104	Lafond	P L
79	Lafontaine	P L
157	Lagarde (comte de)	M M
257	Lagrange	Panthéon
206	Lagrené	M P
116	Laharpe	P L
121	Lakanal	P L
97	Lalande	P L
124	Lambert (baron)	P L
78	Lambrechts	P L
70	Lameth	P L
61	Lamethrie	P L
233	Lamoignon (de)	M P

Pag.	Noms.	Cim.
109	Langlé	P L
45	Lanjuinais	P L
168	Lannes (maréchal)	M M
257	Lannes....(Id.)	Panthéon
163	Lanner	M M
144	Lanrecisque	M M
189	Lapie	M M
80	Laplace	P L
151	Larmoyer	M M
211	Larochefoucauld (de)	M P
52	Larrey	P L
96	Lassus	P L
234	Lasteyrie (de)	M P
80	Latier (de) de Bayane	P L
153	Latour	M M
198	Laurent	M P
29	Lauriston	P L
36	Lavalette (de)	P L
181	Lavallée	M M
108	Lavoisier	P L
184	Lawœstine (de)	M M
30	Laya	P L
206	Lebeau	M P
119	Leblanc	P L
29	Lebrun	P L
171	Leclère	M M
181	Lecouppé	M M
96	Ledru-Rollin	P L
177	Ledagre	M M
67	Lefebvre	P L
174	Lefour	M M
100	Lefournier	P L
43	Lemercier	P L
224	Lenoir	M P
22	Lenoir-Dufresne	P L
23	Lenormand	P L
182	Lenormant	M M

Pag.	Noms.	Cim.
27	Lepaute	P L
229	Lepélletier d'Aunay	M P
168	Lepic	M P
231	Lepoitevin	M P
168	Leppere et Hittorf	M M
117	Lesueur	P L
126	Lesurques	P L
59	Letourneur	P L
208	Levraud	M P
229	Liborel (de)	M P
221	Ligoudès	M P
217	Lisfranc	M P
152	Livry (Emma)	M M
50	Lobeau	P L
218	Loriquet	M P
253	Louis XVII	Ste Marguerite
223	Loustal (de)	M P
239	Loverdo	M P
239	Lucas	M P
143	Lurine	M M
86	Luther	P L

M

247	Macarel	M P
42	Macdonald	P L
158	Magnin	M M
28	Maison	P L
163	Maisonfort (de)	M M
49	Malet	P L
229	Malleville (de)	M P
259	Marat	Clamart
204	Maugin	M P
155	Manin (Daniel)	M M
156	Manin (Emilia)	M M

Pag.	Noms.	Cim.
156	Manin (Thérésa)	M M
69	Manuel	P L
145	Marc	M M
27	Marjolin	P L
159	Marrast (Armand)	M M
125	Mars (Mlle)	P L
55	Martignac (de)	P L
195	Martin	M P
43	Martin (du Nord)	P L
65	Masséna	P L
187	Massinimo	M M
64	Mathagou	P L
207	Maurice	M P
56	Mazarin	P L
186	Mazeau	M M
214	Mazois	M P
106	Méhul	P L
204	Menardeau	M P
188	Menneval	M M
120	Mercier	P L
34	Mercœur (Elisa)	P L
28	Mérimée	P L
51	Merlin de Thionville	P L
110	Messier	P L
227	Meynier	M P
244	Michallon	M P
178	Micheau	M M
142	Merzejewski	M M
121	Milanollo	P L
102	Millevoye	P L
249	Mirabeau (de)	Clamart
150	Moges	M M
222	Molé-Gentilhomme	M P
78	Molière	P L
49	Monge	P L
215	Monge	M P
246	Mongez	M P

Pag.	Noms.	Cim.
134	Monpou	P L
135	Monsigny	P L
237	Montalembert (de)	M P
177	Montalembert (de)	M M
179	Montès (abbé)	M M
213	Montferrier (de)	M P
222	Montgascon (de)	M P
238	Montlezun (de)	M P
124	Montmorency (de)	P L
243	Montmorency-Laval (de)	M P
245	Montmorency-Luxembourg (de)	M P
234	Moquin-Tandon	M P
226	Moreau (H.)	M P
159	Moreau	M M
172	Moreau	M M
144	Moreno de Mora	M M
185	Morissot	M M
258	Mortier	Invalides
70	Mortier	P L
32	Mounier	P L
91	Mouton	P L
167	Mozin (peintre)	M M
168	Mozin (musicien)	M M
227	Mulard	M P
127	Mulot	P L
143	Muraire	M M
164	Murger (Henri)	M M
132	Musset (Alfred de)	P L
217	Muzarelli	M P

N

78	Nansouty	P L
259	Napoléon Ier	Invalides
259	Napoléon (Jérôme)	—

Pag.	Noms.	Cim.
92	Narbonne (de)	P L
63	Nasumento	P L
149	Naudet	M M
131	Neigre (général)	P L
105	Neufchateau (de)	P L
53	Ney	P L
259	Négrier	Invalides
107	Nicolo	P L
183	Niquet (P.)	M M
44	Nivière (de)	P L
252	Noailles (de)	Picpus
100	Nodier (Charles)	P L
239	Noé (de)	M P
236	Normand	M P
156	Nourrit	M M

O

129	Odiot	P L
170	Odiot	M M
158	Odry	M M
53	Olivera	P L
219	Olivier	M P
214	Orfila	M P
80	Ornano (comtesse d')	P L
78	Otrante (comtesse d')	P L
231	Ottavi	M P
97	Oude (reine d')	P L
237	Oudot	M P

P

106	Paër	P L
199	Pagnon	M P

Pag.	Noms.	Cim.
76	Paillet	P L
38	Pajol (comte)	P L
107	Panseron	P L
33	Parent-Duchatelet	P L
75	Paris-Chevé	P L
211	Parizot	M P
60	Parmentier	P L
113	Parny	P L
237	Pasquier	M P
237	Pasquier	M P
215	Pansey (de)	M P
223	Peclet	M P
237	Pelletier	M P
160	Pennautier (de)	M M
235	Pépin	M P
49	Percy	P L
35	Périer (Casimir)	P L
87	Pérignon	P L
174	Perkins (W.)	M M
199	Perlet	M P
215	Pernety (de)	M P
84	Perrée	P L
220	Perrin	M P
77	Perry	P L
89	Persil	P L
195	Petit	M P
213	Petit-Radel	M P
200	Petitot	M P
61	Picard	P L
177	Picot	M M
136	Pierre	P L
125	Pigault-Lebrun	P L
49	Pinel	P L
184	Planard (de)	M M
239	Planchard	M P
166	Planche (Gustave)	M M
126	Plantade	P L

Pag.	Noms.	Cim.
106	Pleyel.	P L
145	Plessis (dame aux Camélias)	M M
133	Poinsot.	P L
84	Poirson	P L
196	Poisle-Desgranges	M P
83	Poisson.	P L
154	Polignac (prince de)	M M
146	Pons (marquis de)	M M
96	Pontécoulant (de)	P L
128	Pontévès (de)	P L
31	Portes (de)	P L
124	Potier	P L
74	Pozzo di Borgo	P L
63	Prades	P L
85	Pradier.	P L
119	Prévost.	P L
188	Prudent.	M M
88	Puy (du)	P L

Q

205	Quatremère de Quincy	M P
178	Querangal (de)	M M

R

23	Rachel	L L
77	Racine.	P L
236	Raffet.	M P
202	Rameÿ.	M P
185	Ramond.	M M
163	Rapatel.	M M

Pag.	Noms.	Cim.
48	Raspail.................................	P L
82	Raucourt...............................	P L
206	Ravichio	M P
218	Ravignan (de).........................	M P
123	Ravrio..................................	P L
93	Rayneval (de)	P L
219	Recamier	M P
120	Regnault de Saint-Jean-d'Angély...........	P L
25	Reicha.................................	P L
66	Reille	P L
240	Religieuses Augustines	M P
218	Id. Bénédictines..................	M P
219	Id. Du Bon-Secours..............	M P
243	Id. Carmélites....................	M P
240	Id. Hospitalières..................	M P
218	Id. de la Visitation...............	M P
150	Remond	M M
147	Rheinart...............................	M M
95	Riario-Sforza (de).......................	P L
68	Ribes (de)	P L
211	Ribes	M P
101	Ricci...................................	P L
212	Richard................................	M P
256	Richelieu	Sorbonne
207	Ricord..................................	M P
37	Rigny (de)	P L
169	Rigny (de).............................	M M
171	Ripa (Marchèse di).....................	M M
62	Riquet de Caraman	P L
163	Ritt (G.)	M M
189	Roberetchs............................	M M
125	Roberston..............................	P L
143	Robillard (baron).......................	M M
227	Roche-Aymon (de la)....................	M P
243	Roche-Aymon (de la)	M P
200	Rochechouart (de)......................	M P
244	Rochette...............................	M P

Pag.	Noms.	Cim.
65	Rodrigues (Olynde)	P L
24	Rodschild	P L
131	Rœderer	P L
208	Rœhn	M P
89	Rogniat	P L
154	Roll	M M
175	Romagnesi	M M
102	Roman	P L
203	Romané	M P
195	Rosalie (sœur)	M P
173	Rosily (comte de)	M M
203	Roncherolles (de)	M P
257	Rousseau	Panthéon
98	Roussel	P L
64	Roussin	P L
39	Rovigo (de)	P L
129	Royer-Collard	P L
45	Roy (comte)	P L
228	Rude	M P
189	Ruggieri	M M
163	Rullière	M M
55	Ruty	P L

S

117	Sabran	P-L
219	Saint-Maurice	M P
64	Saint-Simon (comte de)	P L
73	Saint-Simon (de)	P L
116	Saint-Lambert	P L
143	Saint-Pern (de)	M M
113	Saint-Pierre (B. de)	P L
235	Saisset	M P
238	Salignac (de)	M P
72	Sallandrouze de la Mornaix	P L
184	Sané	M M

Pag.	Noms.	Cim.
214	Santerre	M P
197	Sapey	M P
242	Savary	M P
154	Saxe-Cobourg (Prince de)	M M
155	Scheffer (Ary)	M M
37	Schickler	P L
109	Schneider	P L
91	Schœlcher	P L
221	Schunck	M P
41	Scribe	P L
172	Scotti	M M
231	Sédillot	M P
153	Ségonzac (de)	M M
186	Ségur (de) d'Aguesseau	M M
186	Ségur (de) d'Aguesseau	M M
232	Senneville (de)	M P
203	Sergents (les quatre)	M P
27	Serre	P L
57	Serrurier	P L
199	Serurier	M P
97	Servais	P L
223	Seurre	M P
58	Sicard	P L
44	Siéyès	P L
93	Simonin	P L
24	Singer	P L
171	Slowacki	M M
105	Soliva	P L
168	Soltikoff	M M
259	Sombreuil (de)	Invalides
257	Soufflot	Panthéon
123	Soulié	P L
183	Soumet	M M
90	Souvestre	P L
111	Spaendonck	P L
183	Sparre (comte de)	M M
217	Spiégel	M P

Pag.	Noms.	Cim.
142	Stempowski	M M
178	Stiévenart	M M
94	Stranziéri	P L
210	Sturm	M P
118	Suard	P L
56	Suchet	P L
162	Sydney-Smith	P L

T

Pag.	Noms.	Cim.
35	Talleyrand (de)	P L
252	Talleyrand	Picpus
104	Talma	P L
22	Tardieu	P L
118	Target	P L
85	Tascher de la Pagerie	P L
146	Thévenot	M M
61	Thibault	P L
45	Thiers	P L
215	Thiéron	M P
178	Thomire	M M
246	Thurot	M P
115	Toulmon (de)	P L
144	Tousez A.	M M
127	Tortoni	P L
180	Travot (baron)	M M
56	Trémouille (de la)	P L
217	Tribalet	M P
62	Triqueti	P L
187	Troubelskoï (princesse)	M M
61	Truguet	P L
169	Tufiakin (prince)	M M
86	Turenne (de)	P L
258	Turenne	Invalides
61	Turgy (de)	P L
60	Turpin	P L

U

Pag.	Noms.	Cim.
63	Urquijo (d')	P L

V

Pag.	Noms.	Cim.
150	Valdeney (de)	M M
87	Valence (duc de)	P L
67	Vallerteros	P L
209	Vallombreuse	M P
111	Vandaël	P L
144	Van der Hœven	M M
170	Vanderberghe	M M
165	Varner	M M
246	Vandoyer	M P
258	Vauban	Invalides
40	Vaudemont (princesse de)	P L
233	Vautré	M P
220	Verdier	M P
134	Vernet	P L
147	Very	M M
164	Vestris	M M
204	Vibert	M P
179	Vichery (baron)	M M
148	Vigny (A. de)	M M
201	Villiers (de)	M P
115	Vincent	P L
152	Vincent (baron)	M M
242	Vintimille (de)	M P
218	Virey	M P

Pag.	Noms.	Cim.
28	Visconti (de)	P L
133	Visconti	P L
149	Viviers (du)	M M
208	Vizier-Lenoir	P M
60	Volney	P L
256	Voiture	St-Eustache
257	Voltaire	Panthéon

W

171	Warkowicz	M M
231	Wilemin	M P
109	Wilhem	P L
233	Williaumé	M P

Z

188	Zakrzenski	M M
232	Zangiacomi	M P
230	Zédé	M P
155	Zenner	M M

Imp. de L. Toinon et Cie, à Saint-Germain.

RENSEIGNEMENTS

IMPORTANTS

EMBAUMENTS

Nous ne pouvons, dans ce livre, nous abstenir de parler des embaumements, qui sont le complément indispensable des monuments; mais, par le cadre même de l'ouvrage, nous sommes empêché de traiter complétement cette question, et nous devons nous borner à en donner une courte notice historique.

Autrefois on pratiquait rarement des embaumements; d'abord parce que ces opérations étaient fort coûteuses, et ensuite parce qu'elles nécessitaient d'horribles mutilations qui répugnaient aux familles.

En 1836, J.-N. Gannal obtint de l'Académie des sciences un prix Montyon pour un nouveau mode de conservation des cadavres destinés aux dissections. Son procédé consistait à injecter dans le système artériel un liquide, à base d'alumine, destiné à transformer les différents éléments organiques en composés imputrescibles.

Plus tard, ce chimiste appliqua ce procédé à la conservation des corps destinés à la sépulture, mais il dut plusieurs fois le modifier dans le but d'assurer une conservation de plus longue durée.

Les embaumements pouvant dès lors se faire sans mutilations et à peu de frais, devinrent une pratique usuelle.

Nous ne parlerons pas des luttes que Gannal eut à soutenir contre divers membres du corps médical qui, par circonstances, s'étaient fait embaumeurs, et qui avaient donné la préférence aux opérations dont nous avons parlé plus haut et que l'on appelait embaumements par méthode égyptienne. Il nous suffira de dire qu'après avoir nié l'efficacité du procédé nouveau, les médecins ont été forcés d'en admettre la supériorité, et qu'aujourd'hui il ne se pratique pas une de ces opérations autrement que par injection, c'est-à-dire par la méthode Gannal, le liquide seul peut différer.

Bien que l'opération pratiquée par le procédé Gannal semble simple au premier abord, elle nécessite néanmoins des connaissances anatomiques, physiologiques et pathologiques considérables ; mais ce qu'elle demande surtout, ce sont des connaissances pratiques qui ne s'acquièrent que par une longue expérience. Cela est si vrai, que le docteur Gannal, qui depuis douze ans a succédé à son père dans la pratique des embaumements, a cru devoir modifier récemment son mode d'injection pour le rendre plus complet.

Nous engageons donc les familles, si une circonstance malheureuse se présente pour elles, à ne pas confier le soin de pareille opération aux mains inexpérimentées des nombreux industriels qui tenteront de les circonvenir en vue d'un gain facile pour ceux qui se soucient peu des résultats ultérieurs.

AGENCE
DE
FUNÉRAILLES

53, rue du Château-d'Eau, 53

En face la Mairie du 10e arrondissement

DIRECTEUR : M. LADONNE.

Bureau spécial pour le règlement des Convois, Services religieux et Transports funèbres.

ACHATS DE TERRAINS, CONSTRUCTIONS DE MONUMENTS

CAVEAUX PROVISOIRES DANS TOUS LES CIMETIÈRES

L'Agence des funérailles croit rendre un véritable service aux familles qu'un deuil vient de frapper en les prémunissant contré les manœuvres de certains courtiers qui se présentent comme agents des pompes funèbres, et se font forts de réduire d'une façon exagérée le prix des commandes faites directement aux bureaux des mairies. En général, ces promesses ne sont qu'un leurre contre lequel la circulaire de

M. le Préfet de la Seine, en date du 31 juillet 1855, se fait un devoir de mettre en garde le public.

En vue de parer à cet inconvénient, l'*Agence des funérailles*, en contact direct avec l'Administration des pompes funèbres, a l'honneur d'informer les familles qu'elle se charge de faire imprimer et distribuer tous billets de faire part pour convocations et toutes les démarches à faire aux mairies, aux églises et aux cimetières, pour tout ce qui concerne les cérémonies, inhumations, exhumations, transports, en France et à l'étranger.

Les familles sont immédiatement fixées sur la dépense occasionnée par un enterrement, dépense dont l'agence se charge de faire les avances.

L'*Agence des funérailles* met à la disposition des familles des caveaux provisoires pour y déposer les cercueils jusqu'au moment de la construction des monuments, opération pour laquelle on peut s'adresser à elle en toute confiance.

Enfin cette administration se recommande surtout au public par le choix scrupuleux de ses agents, qui, par leurs formes, leur savoir-vivre, savent effacer dans leurs relations avec les familles, ce que leur ministère a de funèbre et de pénible.

*Les familles sont priées de s'adresser, sans aucun retard, au Directeur de l'*Agence des funérailles*, rue du Château-d'Eau, n° 53.*

LEMONNIER

BIJOUTIER ET DESSINATEUR EN CHEVEUX

10, BOULEVARD DES ITALIENS

Spécialité exclusive de Reliquaires, Bijoux, Coffrets,

CADRES POUR LA CONSERVATION ET L'EMPLOI CONSCIENCIEUX DES CHEVEUX

MÉDAILLES UNIQUES

AUX EXPOSITIONS DE LONDRES ET DE PARIS

1851 — 1855 — 1862

La maison LEMONNIER, fondée en 1830, est vraiment la seule qui ait créé l'industrie des ouvrages en cheveux. Les succès obtenus par M. LEMONNIER aux expositions de Londres et de Paris, sa réputation justement méritée, tant à Paris qu'en Province, et à l'Étranger, en font une maison sans rivale, à laquelle les familles peuvent s'adresser en toute confiance pour tous les travaux de Bijouterie en cheveux.

Toutes les commandes peuvent être adressées par correspondance à M. LEMONNIER, qui se charge de les expédier en Province et à l'Étranger.

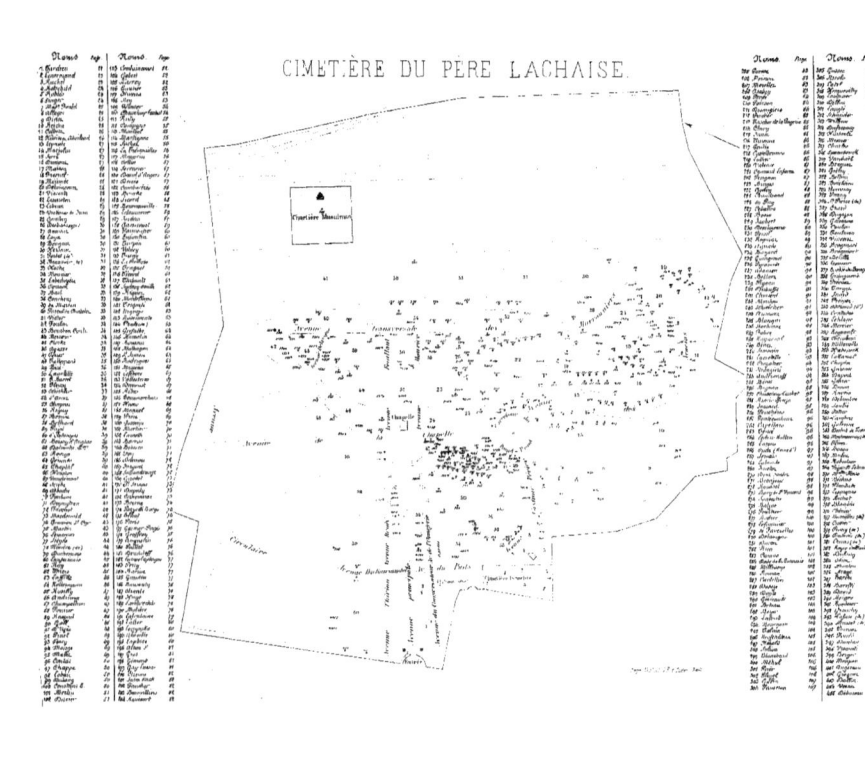

www.ingramcontent.com/pod-product-compliance
Lightning Source LLC
Chambersburg PA
CBHW070535160426
43199CB00014B/2264